g GOLLENSTEIN

Lothar Schöne

Schönes Wörterbuch

Mit Zeichnungen von Walter Hanel

Lothar Schöne

Schönes Wörterbuch

Das Nachschlagewerk für alle Fälle

Mit Zeichnungen von Walter Hanel

 Gollenstein

Warum Sie dieses Buch lesen sollten!

Ein Wörterbuch? Noch dazu ein schönes? Ein Scherz? Eine Provokation!

Ja, genau so ist es. Weg mit den hässlichen, grässlichen Wörterbüchern, die nur die wortwörtliche Bedeutung erklären, aber nicht den wahren Sinn der Begriffe. In diesem Wörterbuch dagegen werden Sie mit wunderbaren Wahrheiten, um nicht zu sagen Weisheiten konfrontiert, die auf ausgelebter Subjektivität beruhen.

Es ist ein Nachschlagwerk für Leute, die lachen wollen und schmunzeln können, ein emotionales Handbuch, gewürzt mit einer Dosis Übertreibung, einer Prise Boshaftigkeit und einem Teelöffel Humor – beste Zutaten und schönste Gewürze also, die das wahre Aroma der Begriffe hervor treiben.

Kann sein, dass Ihnen manches übertrieben, boshaft, spitz vorkommt – das ist nicht weiter schlimm. Bücher müssen auch ärgerlich sein. Aber ärgern Sie sich nicht allein. Am besten ist es, jemand andern zu ärgern – indem Sie ihm aus diesem Nachschlagewerk der anderen Art vorlesen oder es ihm sogar schenken.

L.S.

A

Abendland:
Alter Name für den westlichen Teil des Morgenlandes.

Abendsonne:
Eine Art Versprechen für den kommenden Tag oder wenigstens das nächste Leben. Scheint sie nicht, sieht's wahrhaft düster aus.

Abenteuer, erotisch:
Ein sündhaft teurer Abend ohne viel Sünde – wie man leider erst im Rückblick feststellt.

Abenteuer, spirituell:
Bei einer Seance plötzlich die flüsternde Stimme des Nachbarn zu hören, ob man auch Hartz 4-Empfänger sei und erfahren wolle, ob der verstorbene Erbonkel ein Konto in der Schweiz hat.

Abenteuerspielplatz:
Das ganze Leben – wenn man es entsprechend auffasst.

Aberglaube:
Eine Möglichkeit, seinen Hang zum Glauben auszuleben, ohne sich allzu sehr festzulegen.

Abfindung:
Prämie bei Managern für den Misserfolg. Je größer jener, desto höher diese.

Abgang:

Die Aufforderung „Mach'n Abgang!" ertönt öfter, wird aber leider nur selten von Politikern und anderen Selbstdarstellern befolgt, die statt dessen gehört haben wollen „Bleib sitzen".

Abgeordnete:

Jene gähnenden Leute in Parlamenten, die bei Debatten um Diätenerhöhungen plötzlich wie eingeschaltet wirken.

Abgrund:

Manche stehen am Abgrund, um schließlich doch einen Schritt voranzukommen. Andere fallen in den Abgrund zwischen Worten und Taten, klettern aber meist wieder munter heraus.

Abkürzung:

Kurz vor seiner Exekution empfängt ein zum Tode Verurteilter den Pfarrer: „Ich bin da, um Ihnen das Wort Gottes zu verkünden". – „Wozu den weiten Weg? In einer Viertelstunde spreche ich mit Ihrem Chef persönlich."

Abreisskalender:

Der Flug der Zeit, ja eigentlich der Fluch der Zeit.

Abrüstung:

Der herzensgute Wunsch, dass zukünftig Präsidenten und Kanzlerinnen per Faustkampf Kriege entscheiden.

Abschied:

Viele feiern ergreifend Abschied, doch die Hoffnung trügt – meist sieht man sich wieder.

Abstauber:
Aber sie sind und bleiben nun mal unsere Politiker und Wirtschaftskapitäne.

Abstinenz:
Großzügige Verzichtserklärung auf etwas, das einem verboten ist. Manche nutzen die Fastenzeit dafür, andere hören auf ihre Leber.

Abstinenzler:
Einer jener interessanten Menschen, die den Rausch der Nüchternheit preisen.

Abstraktion:
Beliebtes Verfahren für jene, die das Konkrete nicht ertragen.

Adam:
Ein dämlicher Mann, dem ein einziger Apfel so verlockend schien, dass er uns alle ums Paradies brachte.

Agenda 2010:
Ein zaghaftes Reformprogramm, das immer zaghafter wird, bis die Kosten ins Unermessliche gestiegen sind und die Wirkung nur noch in Politikerreden spürbar ist.

Agrarpolitik:
Stipendium für Bauern, die immer gerade das züchten, wofür sie das meiste Geld bekommen.

Aktfotografie:
Etwas, wofür wir den Fotografen bewundern, vor allem, wenn er bei schönen Frauen keine verwackelten Bilder zustande bringt.

Agenda 2010

Aktie:
Ein Fetzen bedrucktes Papier, das gern von Leuten erworben wird, die sich auf der Achterbahn am Wohlsten fühlen.

Äppelwoi:
Aus grünen Äpfeln hergestelltes schauerlich saures Getränk, das die Hessen zur Düngung ihrer Magenschleimhaut benutzen.

Ärger:
Jene stille Wut, die sich nach innen frisst – wer sich nie ärgert, darf dieses Buch sofort verschenken, um jemand zu ärgern, der sich ärgern lässt.

Aktualisierung (im Theater):
Wenn Faust als Manager auftritt, Gretchen als Frauenbeauftragte und Mephisto als Aufsichtsrats-Chef der Hölle AG und alle um bessere Posten kämpfen.

Alarmknopf:
Mit ihm kann man endlich mal Aufmerksamkeit für die eigene Person erregen.

Alimente:
Lustbarkeitssteuer, die nachträglich erhoben wird. Viele reiben sich beim Bescheid die Augen – sie hatten die Lustbarkeit kleiner in Erinnerung.

Alkohol:
Eine Art Medizin, die man gern einnimmt, weil die Welt danach eine komische Schieflage annimmt.

Alleinsein:
Die schönste Form der Erholung.

Alter:
Jener Lebensabschnitt, in dem wir nach wie vor alle Laster ausleben wollen, aber bedauerlicherweise nicht mehr können. Was manche dazu bringt, den 1-Euro-Job des Moralapostels anzunehmen.

Altern:
Man schaut in den Spiegel und stellt fest, dass der Sensenmann begonnen hat, das uns entgegenschauende Gesicht mit seiner Sichel zu bearbeiten.

Altersgrenze:
Wer sie überschreitet, kann sich endlich über seine Rente beschweren.

Altersheim:
Deutschland in zehn Jahren.

Altersheim

Altersvorsorge:
Die Auswanderung in ein Land mit niedrigen Preisen.
Alternativ: versuchen, mit mehreren Jobs das Altersheim
zu vermeiden.

Altruismus:
Wenn einem eine andere Bluse näher ist als das eigene
Hemd. Nur wirklich sinnvoll bei erotischem Begehren.

Altruist:
Jemand, der sich für andere einsetzt, weil er nicht weiß,
was er für sich tun kann.

Amateur:
„Amateur d'art" bezeichnete einst den begeisterten
Liebhaber der Künste. Das Wort wird inzwischen herab-
lassend von sogenannten Profis benutzt, deren Arbeit
von Amateuren dauernd nachgebessert werden muss.

Amüsement:
Ein Wort, das nicht so anstrengend klingt wie Kultur und deshalb dieses ersetzt hat.

Analphabet:
Jener gescheite Zeitgenosse, der erkannt hat, dass es doch nichts Lesenswertes gibt.

Anarchie:
Ein Zustand, den sich schwadronierende Freigeister herbeiwünschen – wenn nur am heimischen Herd die gute alte Ordnung bestehen bleibt.

Anbaggern:
Der Versuch, einer Frau näher zu treten, ohne ihr auf den Füßen zu stehen. Gelingen durchaus möglich, falls man nicht irrtümlich an eine Frauenbeauftragte gerät.

Angst:
Wer nie Angst empfindet ist ein Trottel, wer ständig Angst hat muss zum Psychiater, alle anderen können sich beruhigt zurücklehnen.

Anspielung:
Form der Konversation, die lieber auslässt als auswalzt.

Antiquariat:
Die beste Möglichkeit zu erfahren, dass alte Bücher noch was wert sind – sofern man sie kaufen und nicht verkaufen will.

Antiamerikanismus:
Ein Gefühl, das bei Besuchen von McDonalds aufkommt.

Antriebsmangel:
Vergeblicher Versuch, das Laufrad des Lebens anzuhalten.

Antwort:
Es macht sich immer gut, eine zu geben, auch wenn sie sich auf eine Frage bezieht, die niemand gestellt hat. Besonders beliebt bei Politikern.

Applaus:
Harmlose Droge mit hohem Suchtpotential.

Apotheke:
Beratungsintensives Drogengeschäft, bei dem die Beratung meist auf der Strecke bleibt. Folge: zu viele falsche Drogen sind im Umlauf, die keine Linderung bringen, aber das Geschäft aufrechterhalten.

Arbeit:
Ehemals eine unangenehme Störung der Freizeit. Inzwischen eine herbeigesehnte Unterbrechung der Arbeitslosigkeit.

Arbeitgeber:
Früher einmal gab er Arbeit, heute nimmt er sie eher weg.

Arbeitgeberverbände:
Jene Seite des Arbeitsmarkt-Kartells, die die andere im Jammern zu übertreffen versucht.

Arbeiternehmer:
Einer, der sich immer häufiger fragt, woher *nehmen* und nicht stehlen.

Arbeitsamt:

Einrichtung, die für die eigenen Angestellten Arbeit schafft. Damit niemand merkt, dass das Amt sonst nichts kann, hat es sich in Agentur umbenannt. Die neue Bezeichnung verdrängt das Ärmelschonerische, klingt hoffnungsvoller und tatenfroher. Applaus! Ein gutes Beispiel für die Sprachaktivitäten des Amtes.

Arbeitsbeschaffungsmaßnahme:

Ein sauber gebastelter Papiertiger – er frisst Milliarden, kneift aber den Schwanz ein bei seinem wirklichen Gegner, dem Mammut Arbeitslosigkeit.

Arbeitslosigkeit:

Die Chance, sich endlich neu zu orientieren und den alten Trott hinter sich zu lassen.

Arbeitsmarkt:

Verschlossene Gegend. Nach dem Schlüssel suchen viele, sogar Politiker.

Arie:

Wenn auf der Opernbühne eine Sängerin kein Ende findet und auch das Solo-Schnarchen in der ersten Reihe ignoriert.

Armut:

Wenn Touristen im Urlaub ausrufen, wie „malerisch" die Häuser doch sind.

Arroganz:

Nur die Dummen zeigen sie, die Klugen maskieren sie als Nachsicht.

Arschloch:
Jener Zeitgenosse, der einen Furz für einen Gruß hält.

Arzt:
Ein Mensch in weißem Kittel, der sich sehr sorgt – vor allem um sein Einkommen.

Asoziale:
Nadelgestreifte Herren, die mit Geldkoffern nach Liechtenstein oder Luxemburg reisen, um dort in Stiftungen zu investieren – was unsereins auch gern täte, wenn er nur den geeigneten Geldkoffer fände.

Astrologie:
Mit einem Blick in die Sterne individuelle Schicksale herausfinden – die dann für überraschend viele zutreffen.

Atheismus:
Daran zu glauben, dass man nicht glaubt.

Atheisten:
Sie haben es schwerer als alle anderen: ihnen winken keine Feiertage.

Aufklärung (historisch):
Den Sack der Unwissenheit auf dem Rücken einzutauschen mit dem Sack der Vernunft, um ebenso mühselig weiterzuwandern.

Aufklärung (privat):
Eine Prozedur, bei der sich Vater wie Sohn unbehaglich fühlen: der Sohn, weil er feststellt, wie wenig Ahnung sein Erzeuger vom Thema hat; der Vater, weil er merkt, dass seine reiche Praxis zu kümmerliche Theorie geschrumpft ist.

Aufschneider:
Jener sympathische Zeitgenosse, der nach dem Motto lebt: Wer angibt hat mehr vom Leben.

Aufsichtsrat:
In Aktiengesellschaften sehr erstrebenswerter Posten mit überschaubaren Aufgaben: stets alles abnicken und das üppige Honorar am Finanzamt vorbei gut in Liechtenstein verstecken.

Aura:
Jene unsichtbare uns umgebende Hülle, bei der wir nicht sicher sind, ob sie unser Deo verträgt.

Ausbeutung:
Jene üble Eigenschaft des Kapitalismus, wo Menschen andere Menschen ruinieren. Nur im Sozialismus ist es anders, nämlich genau umgekehrt.

Auserwähltheit:
Eigenschaft, die man dem jüdischen Volk zuschreibt. Es ist auserwählt, die Alpträume der Welt zu leben.

Ausverkauf:
Mit Ladenhütern die Kasse klingeln lassen. Gelingt meist, aber nur, wenn es statt Ausverkauf Sale heißt.

Auswanderer:
Enttäuschte, die die vertraute Misere unbedingt mit einer fremden vertauschen wollen.

Auto (männlich):
Designerstück, in dem wir am liebsten unsere Zeit verbringen, während wir vorgeben, irgendwohin fahren zu müssen.

Auto (weiblich):
Eine Art Müllhalde, in der man nach längerem Suchen das Lenkrad findet. – Ich persönlich lasse mich in solchen Fahrzeugen am liebsten chauffieren und lobe die Fahrerin für ihr kreatives Chaos.

Autobahn:
Die einzige Möglichkeit, seinem Leben Tempo zu geben.

Autobiographie:
Eine Art Räubermärchen mit riesigen Übertreibungen, enormen Verkleinerungen und schlichten Weglassungen – jeweils an den falschen Stellen.

Autorität:
Eine natürliche Eigenschaft bestimmter Menschen, die gern nachgeäfft und dadurch autoritär wird.

B

Bahn, Deutsche:
Ein im Prinzip schnelles Beförderungsmittel, für das man jedoch viel Zeit braucht. Den Umzugsplänen der Deutschen Bahn ist gelassen zu begegnen, da mit vier bis sieben Jahren Verspätung zu rechnen ist.

Banalität:
Das Leben ohne Liebe.

Bananenrepublik:
Häufig auftretende Regierungsform, bei der Kläglichkeit, Feigheit und Eitelkeit Richtschnur der politischen Akteure sind.

Bananenrepublik

Banause:
Ein aufrichtiger Zeitgenosse, der sich nicht länger durch
eine Ausstellung über moderne Kunst quält, sondern lieber ein Bier in der gegenüberliegenden Kneipe genießt.

Bank:
Sitzgelegenheit fürs Alter, dann aber zu hart.

Banken:
Zu Unrecht in Verruf geratene Einrichtungen. Ihre
Bilanzen waren schon immer Giftschränke – die nun
endlich für alle geöffnet sind.

Banker:
Was früher einmal der Bankier war, ist heute der Banker.
Das neue Wort ist ehrlicher, klingt wie Bankert oder
Zocker und sagt damit schon eine Menge aus.

Bargeld:
Etwas, das so selten geworden ist, dass mancher schon
eine Plastikkarte in den Aldi-Einkaufswagen zu drücken
versuchte

Bedenkenträger:
Beliebtester Job in Deutschland, den überdies jeder ergat-
tern kann – falls er nicht zu starke Bedenken gegen sich
selbst hat.

Bedeutung:
Maßlos überschätzter Begriff. Nichts ist wirklich von
Bedeutung – und deshalb sprechen viele so gern davon.

Bedienungsanleitung:
Kostbare Form deutscher Prosa, die vom Leser heldenhafte Interpretationskünste verlangt und nebenbei noch seinen Intelligenzquotienten überprüft.

Befindlichkeit:
Eines jener großspurigen Feuilletonworte, von Geistern eingeführt, die ihrem einsemestrigen Philosophie-Studium nachtrauern.

Beichte:
Psychotherapie für Arme.

Beichtstuhl:
Beliebter Aufenthaltsort für jene, die anschließend wieder lügend, betrügend und gutgelaunt durch den Tag kommen wollen.

Beifall:
Form der Zustimmung, nach der wir uns sehnen, aber viel zu selten erleben.

Berlin:
Deutsche Stadt, in der Piefigkeit und Toleranz so eng beieinander stehen, dass sie sich häufig auf die Füße treten.

Berühmtheit:
Ein Zustand, der auf Dauer mehr Nach- als Vorteile hat. Das Positive daran: die Dauer hält nicht lange an.

Berufspolitiker:
Leute, die keinen anständigen Beruf erlernt haben und deshalb ihr Geld als Politiker verdienen müssen.

Berufung (künstlerisch):
Das Bedürfnis etwas zu tun, das kein Geld einbringt.

Berufungsverfahren:
Jener akademische Mumpitz, der einer Berufung vorausgeht, viel (Steuer-)Geld verschlingt und deshalb gern wiederholt wird. Es kost' ja nix.

Bescheidenheit:
Die beste Methode, um nach Lob und Ruhm zu fischen.

Bestattung:
Im Liegen absolvierter letzter Ausflug. Nachteil: der geschlossene Sarg.

Bestattungsunternehmen:
Betrieb, dessen Geschäftsbereich die Ewigkeit betrifft und wie man am attraktivsten in ihr liegt.

Bestseller:
Jeder möchte einen schreiben, will es aber nicht zugeben. Da auch niemand weiß wie es geht, findet der Autor am Ende immer ein und denselben Schuldigen für den fehlgegangenen Bestseller: den Leser und seine Tölpelhaftigkeit. – Ich bin völlig anderer Meinung, vor allem bei diesem Wörterbuch.

Bestseller-Listen:
Todesanzeigen für Bücher.

Beutekunst:
Zeichen dafür, dass das unterlegene Land immerhin kulturell was zu bieten hatte.

Bewunderung:
Eine Art inneres Strammstehen, das aber nur dann gelingt, wenn man es nicht in Unterhosen versucht.

Bewusstsein:
Erst, wenn man es verliert, beginnt man es zu schätzen.

Bewusstsein, kritisches:
Hochgezwirbelter Intellektualismus, stolz einherschreitend.

Bibliothek:
Ein Ort des Dinierens – für den Geist.

Bier:
Eine appetitliche Arznei, in München als Lebensmittel genutzt, in Köln als homöopathische Wassersuppe, in Hamburg als Zusatzgetränk zum Korn.

Bigamie:
Die meisten merken es zu spät: eine Frau zuviel.

Bigamist:
Ein Mann, dem der Mut zu klaren Verhältnissen fehlt. Mutig sein bei zwei Frauen fällt allerdings sehr schwer.

Bigotterie:
Wenn einer von seiner Geliebten kommt und seinem Freund erklärt: Es geht doch nichts über ein gemütliches Zuhause und eine treue Frau.

Bildung:
Die Erkenntnis, dass sie eigentlich alles ist, was man besitzt – nachdem die Börse mal wieder in den Keller gerauscht ist.

Bild-Zeitung:
Ein Blatt, das die Leser zu Vampiren verwandelt, die gierig das reichlich fließende Blut der Seiten aufschlürfen.

Bio:
Signal für Hypochonder, dass sie munter drauflos essen können.

Bio-Lebensmittel:
Einzig korrekte Ernährung. Bio-Mohrrüben werden mittlerweile schon einzeln verkauft, signiert vom Bio-Bauern. Vor meinem Laden „Wurzelsepp" bilden sich gern Schlangen, wenn biologisch einwandfreie Knoblauchzehen zum Verkauf freigegeben werden. Obacht vor China-Waren, sie sind durchweg geklont.

Biomensch:
Bezeichnung von Gen-Bastlern für den herkömmlichen Typus von Mensch, dessen Unvollkommenheit seit längerem schon unangenehm aufstößt. Der neue Typ, Artmensch genannt, soll emotionsstabil und computer-kompatibel sein und sich selbst abschalten können bei Arbeitslosigkeit oder sexuellem Versagen.

Blähung:
Bei Geistesmenschen besonders beliebt (wenn auch häufig unterdrückt), ersetzt doch manche Blähung einen Kommentar verbaler Art.

Blau:
Jene Sehnsuchtsfarbe, die uns Freiheit, Liebe und Abenteuer verspricht – wenn wir nur nicht so oft farbenblind wären.

Blitz:
Die natürlichen Blitze sind zum Fürchten, was man von Geistesblitzen meist nicht behaupten kann.

Blitzableiter:
Am besten sind jene in menschlicher Gestalt, mit denen man sowieso ein Hühnchen rupfen wollte.

Blitzlichtgewitter:
Jene Art von Gewitter, das Promis freiwillig aufsuchen. Nachteil: meist hinterlässt es bleibende Schäden in Form von Realitätstrübung.

Bordell:
Altmodischer Ausdruck für eine originelle Begegnungsstätte zwischen Mann und Frau. Als das ZDF eine neue Serie plante, „Bordellbesuche live", bekam der Redakteur seltsamerweise seine Spesen für die Recherche nicht erstattet. Auch Sexualwissenschaftler deutscher Universitäten klagen über verweigerte, doch dringend benötigte Forschungsmittel, um die Insassinnen von Bordellen gründlich zu analysieren. Ist es da ein Wunder, wenn wir in Pisa-Studien immer hintendran sind?

Börse:
Spielkasino, bei dem die Unterhaltung im Kitzel des finanziellen Ruins besteht.

Bonmot:
Französischer Ausdruck, hat etwas mit Geist und Witz zu tun, sich aber im Deutschen nicht durchgesetzt.

Bosheit:
Das andere Ufer der Güte. Seltsamerweise sind die beiden nur durch ein flaches Rinnsal getrennt.

Bote:
Kein erstrebenswerter Job. Der Bote wird für schlechte Nachrichten geköpft, für gute erhält er einen Benzingutschein. Attraktiv dagegen ist der Job des journalistischen Boten im Fernsehen: hier sind schlechte Nachrichten gute Nachrichten und führen zur Beförderung.

Bürgertum:
Personenkreis, der Hausmusik spielt, Bücher liest, sogar weiß, was ein Museum ist und über eine so genannte gute Kinderstube verfügt – also eine Schicht, die ausgestorben ist.

Bürokrat:
Ein Mensch, der sich tagtäglich fragt, wie er Sand ins Getriebe schütten kann.

Bürokratie:
Das Einfache wird problematisch, das Mühelose zum Hindernislauf, das Schwierige unüberwindbar. Bürokratie ist die beliebteste Form, Kompliziertheit ins allzu simple Dasein zu bringen.

Bücher:
Für Wenige: ein Labsal. Für den Rest: bedrucktes Papier, das sich nicht mal mehr als Schmierpapier verwenden lässt.

Buchhändler:
Wichtige Person! Sorgt für den Absatz von Büchern, vor allem von denen, die stapelweise geordert wurden und weg müssen.

Bulle:
Wie der verängstigte Streifenpolizist zu seinem Spitznamen kam ist ungeklärt. Erscheinung und Auftritt lassen eher an einen grüngefärbten Hasen denken.

Bundesliga:
Der Sandkasten für Sechsjährige jeden Alters.

Bundeswasserstraßenausbaugesetz:
Auf Klardeutsch BuWaStrAusbGes. Eines der wesentlichen Gesetzesvorhaben, das uns bald auf Donau, Rhein und Spree unseren Zielen entgegenschippern lässt, und mit dem Deutschlands Autobahnen endlich entlastet werden.

Burka:
Eine Art Zwangsjacke für Frauen, in die sich manche freiwillig hineinzwängen.

Busen:
Eigentlich ein Kinderspielzeug, das jedoch auch erwachsene Männer ungern aus der Hand geben.

Business-as-usual:
Davon wird gern gesprochen, wenn es wieder mal drunter und drüber geht.

C

Cabaret:
Wird häufig mit Kabarett verwechselt (s. dort), besteht aber im Gegensatz zu diesem aus weniger Geist und mehr nacktem Fleisch, was Kenner wiederum sehr schätzen.

Cabrio:
Eine gute Möglichkeit, für ein halbes Auto das Doppelte zu zahlen.

Champagner:
Einfacher Schaumwein, aber auf de Luxe getrimmt, und deshalb für Snobs besonders erstrebenswert. Ich genieße ihn am liebsten als Dienstgetränk, habe dem Finanzamt aber noch nicht die steuerliche Absetzbarkeit klarmachen können.

Charakter:
Hat jeder – aber nur im Selbstgespräch.

Charisma:
Äußerst seltene Eigenschaft einer Person. Man riecht nichts, schmeckt nichts, sieht nichts und tappt ihr doch verführt hinterher.

Charme:
Jene Gabe, die man einsetzen kann, wenn andere vergessen sollen, dass man wie ein Dachs aus dem Mund stinkt.

Chauvinist:
Person, die die Welt nicht kennt und sich deshalb im eigenen Mist am wohlsten fühlt.

Choleriker:
Mensch, dem der Hut hochgeht, bevor er ihn ziehen kann.

Chor:
Gesangskumpane, die allein nicht zu ertragen wären und deshalb im Verein singen.

Christdemokraten:
Partei mit vielfältigen Ambitionen, deren Vertreter amerikanischen Präsidenten gern lange die Hand schütteln, um anschließend mit ausgerenktem Arm von völliger Übereinstimmung der vitalen Interessen zu sprechen.

Chuzpe:
Dem Nachbarn den überhängenden Kirschbaum absägen und ihm erklären, dass seine Rosen mehr Sonne brauchten.

Cleverle:
Erfindung der Schwaben: Einer, der weiß, wie er seine Mitmenschen am besten bescheißen kann.

Cleverness:
Seinen Partner über den Tisch ziehen, während die Umstehenden anerkennend nicken.

Comeback:
Die Wiederkehr aus dem Nichts gelingt häufig denen, die besser verschollen blieben.

Comedy:
Witz, von einem Traktor namens Fernsehen plattgewalzt.

Computer:
Eine wunderbare Einrichtung. Man schreibt unter Ächzen einen Roman, der eines Tages spurlos in seinen Innereien verschwindet – doch das Gerät verweigert Regress, zahlt noch nicht mal ein Ausfallhonorar.

Computer

Contenance:
Bewundernswert, wer sie in Talkshows und anderen Sülzrunden behält

Cool:
Fast alles: Personen, Preise und Prospekte. Nur Politiker gelten als uncool. Ließen sie sich teeren und federn, wäre das anders. Dann wären sie sowohl cool als auch geil. Was nichts anderes heißt als: wählbar. Ist das kein Angebot?

Credo:
Jede Art von Überzeugung, die sich nicht durch Realität beirren lässt.

D

Dämon:
Ein in uns rumorender Geist, der unsere Mitmenschen das Fürchten lehrt.

Dame:
Eine Frau, die einen Mann einschüchtert, indem sie ihm das primitive Treiben anderer Männer klarmacht.

Dax:
Kein harmloser Marder, sondern eine gefährliche Indexschlange. Macht ihr Publikum zu Angsthasen, die gebannt auf sie starren.

DDR:
Ein Staat, der heute noch existieren könnte, wären nur seine Einwohner nicht getürmt.

Demokratie:
Staatsform, in der Freiheit und Gleichheit um die Wette rennen, während die Brüderlichkeit aus der Kurve getragen wird.

Demoskop:
Person, die aus der Hand von Wählern liest und nicht merkt, dass man ihm eine Prothese entgegengestreckt hat.

Demoskopie:
Windiges Gewerbe, das auf wissenschaftlich macht.

Demut:
Eine einfache Eigenschaft, die aber schwer zu erwerben ist. Ist man stolz auf ihren Besitz, ist sie einem gerade flöten gegangen.

Denglisch:
Sprachform für Leute, die weder deutsch noch englisch können.

Depression (ökonomisch):
Zustand, in den gewisse Leute sich gern hineinreden, um trüb aus der Wäsche schauen zu können.

Depression (psychologisch):
Zustand, in den man hineinfällt wie in einen tiefen Brunnen und während des Falls das Licht oben immer kleiner werden sieht.

Descartes, René:
Weil er seinen eigenen Kopf benutzte, war die Kirche nicht gut auf den Philosophen zu sprechen. In seiner Sterbestunde kam dennoch ein Priester und beschwor ihn, dem Teufel abzusagen. Descartes antwortete: „Es ist nicht der Zeitpunkt, sich Feinde zu machen."

Details:
Als ein berühmter, aber vom Alkohol geschwächter Schauspieler im zweiten Akt auf die Bühne trat und längere Zeit schwieg, flüsterte ihm die Souffleuse die erste Zeile zu. Der Schauspieler flüsterte zurück: „Keine Details! Welches Stück?"

Deutsche:
Ein wankelmütiges Volk ohne Selbstbewusstsein, das Klagen und Jammern für die höchsten Tugenden hält.

Deutschland:
Kleines radikales Land, in dem Revolutionen ausgedacht, aber niemals ausgeführt werden, weil man dazu Verbotsschilder umstürzen müsste.

Deutschsein:
Mit extremen Gefühlen leben: schwankend zwischen Bedeutung und Verzweiflung und der ständigen Sehnsucht, das Leben doch leicht wie ein Spiel nehmen zu können.

Diät:
Eine Speise, die wir mit grimmigem Gesicht hinunterwürgen, um danach selig lächelnd unsere Standhaftigkeit zu bewundern.

Diäten:
Sprachlich das Beste, was Parlamentarier je hervorgebracht haben. Der Begriff suggeriert, dass die eigenen fetten Einkünfte eigentlich eine Hungerkur sind.

Dialog:
Wenn zwei sprechen und keiner dem andern zuhört.

Dialog (über den Tod hinaus):
Der Dichter André Gide führte Jahrzehnte mit seinem Kollegen Paul Claudel einen Streit über religiöse Fragen. Einen Tag nach Gides Tod erhielt Claudel ein Telegramm von ihm: „Ich hatte recht. Gott existiert nicht. Hast verloren. Schöne Grüße aus dem Jenseits. Dein André."

Dialogbereitschaft:
Willfähriges Verhalten, auch denen zuzuhören, die gerade eine Bombe unter dem Tisch zünden.

Dichter:
Jene privilegierten Geister, die ihre Projekte, Profilneurosen und Perversionen radikal ausleben – auf dem Papier.

Dichterlohn:
Etwas, das es gar nicht gibt – davon träumen nur die Dichter.

Dienstwagen:
Schönes Gefährt, das dummerweise nicht den Unterschied zwischen Maloche und Gaudi kennt. Und deshalb völlig unschuldig ist.

Diesseits:
Nur gläubige Menschen sprechen vom Diesseits. Alle andern von der Vorhölle.

Diktaturen:
Jene Staaten, bei denen Wahlergebnisse vorher und bis auf zwei Stellen hinterm Komma feststehen.

Dilettant:
Person, die nicht ein Kunstwerk zu schaffen versucht, sondern einfach einen Bestseller schreibt.

Diplomat:
Musikalischer Mensch: er verwandelt dumpfe Paukenschläge seiner Chefs in sanfte Harfenklänge.

Diskretion:
Die seltene Eigenschaft, auf beredte Weise das Wesentliche zu verschweigen.

Diskurs:
Dürres Gequatsche von Intellektuellen, die nicht verstanden werden wollen.

Diskussion:
Veranstaltung, bei der vorher alle Teilnehmer unterschiedlicher Meinung waren – und nachher überzeugt davon sind, dass sie wieder mal Recht hatten.

Disneyland:
Süßspeise, nach deren Genuss man sich nach einem Stück Vollkornbrot sehnt.

Dissens:
Da kaum noch jemand einen Streit riskiert, wird lieber vom gestörten Konsens gesprochen.

Diva:
Schauspielerin oder Sängerin, die sich für göttlich hält, weil ihr Gedächtnis gelitten hat.

Dogma:
Ausdrückliches Verbot, seinen eigenen Kopf zu benutzen.

Doping:
Gute Möglichkeit für alle Sportler, ganz oben dabei zu sein. Schafft so eine neue Gerechtigkeit und ist sehr sozial. Kleiner Nachteil: die höhere Sterblichkeitsrate – die jedoch angesichts leerer Rentenkassen verschmerzbar scheint.

Dollar:
Eine Währung, die im Gegensatz zum Herkunftsland überall auf der Welt beliebt ist.

Don Juan:
Typ, der von Frauenaugen abliest, was seine Wünsche sind.

Dreck:
Missverständnisse sind an der Tagesordnung: Was Putzfrauen aus Museen herauskehren, muss nicht immer Dreck sein.

Drogen:
Möglichkeiten zur Steigerung des Selbstwertgefühls. Wer sie nie ausprobiert bleibt ahnungslos; wer sie ständig nutzt, weiß bald nicht mehr wovon die Rede ist.

Duden:
Kein schönes Wörterbuch. Vielmehr eines, das alles aufnimmt, was irgendeine Quasselstrippe mal vor sich hingebrummt hat.

Duell:
Einst der Zweikampf mit Pistolen und der Hoffnung, der Gegner möge kurzsichtig oder tattrig sein, heute der Zweikampf mit Worten und der Hoffnung, der Gegner möge falsch beraten oder unhöflich sein.

Duett:
Wenn einer allein beim Singen nicht weiterkommt und ihm eine Sängerin beispringt.

Duell

Dummheit:
Ein Zustand, unter dem nicht der Betroffene leidet, sondern seine Umwelt.

E

Ebay:
Ein toller Marktplatz. Hier kann man seinen alten Norweger-Pulli nach Mexiko verkaufen.

Effizienz:
Lieblingswort von jenen, die es mit Effekt verwechseln.

Ego:
Was hat die Welt mir, mir, mir zu bieten!

Egotrip:
Eine Reise, die andere ganz und gar ausschließt.

Egoismus:
Die nützliche Eigenschaft, an sich selbst zuerst zu denken. Bei anderen natürlich eine grauenhafte Untugend.

Ehe:
Eine Einrichtung, die ununterbrochen repariert und renoviert werden muss, bis keiner mehr weiß, wie sie am Anfang aussah.

Ehefrau:
Eine, die damit leben kann, dass das Interesse der Vielen sich in das Desinteresse von Einem verkehrt hat.

Ehe

Ehefrau, ideale:
Eine, die ihrem Mann weismachen kann, dass sie unter den Hosen stets einen Minirock trägt.

Ehemann:
Viele Männer, die man längst tot wähnte, sind bloß verheiratet.

Ehemann, idealer:
Einer, der seiner Frau die Wünsche vom Mund ablesen kann und hofft, dass sie sie nicht ausspricht.

Ehrlichkeit:
Als abstrakter Wert hoch im Kurs – doch die meisten scheitern an seiner konkreten Umsetzung.

Eifersucht:
Ein qualvoller Zustand, der nur überwunden werden kann durch kreative Arbeit. Shakespeare schrieb aus Eifersucht Sonette, Picasso malte besessen Bilder seiner Geliebten, Mozart komponierte „Cosi fan tutte", ein bedeutender lebender Autor schrieb dieses Wörterbuch.

Eigeninitiative:
Eine Art Krankheit, die denjenigen befällt, der keine Sozialleistungen mehr erhält.

Eigentum:
Hausherr zum Schnorrer: „Schaffen Sie Eigentum, guter Mann! Hier habe ich eine abgelegte Hose für Sie, sie ist noch fast neu." Schnorrer: „Der Herr lohne es Ihnen! Jetzt hab ich nur noch eine Bitte. Ich will Eigentum bilden, können Sie mir diese Hose nicht abkaufen? Sehen Sie, sie ist noch fast neu."

Eindruck:
Wenn man ihn schindet, ist er kein ausgeblasenes Ei wert. Wenn man ihn macht, darf man sein Ego streicheln.

Einfalt:
Einem Politiker zu glauben – vor allem, wenn er von Steuersenkung spricht.

Einsamkeit:
Die beste Möglichkeit, mit sich selbst ins Gespräch zu kommen.

Einschaltquote:
Maßlos überschätztes Horrorwort, das nach dem Motto funktioniert: Millionen Fliegen können nicht irren, wenn sie sich an den Ausscheidungen irgendwelcher Rindviecher laben.

Einwanderungspolitik:
Realitätsverweigerung mit strahlendem Gesicht und rosaroter Brille.

Eitelkeit:
Weit verbreitete menschliche Todsünde: man schaut hingerissen in einen Spiegel und glaubt schließlich, jene Person zu sein, die man sieht.

Elftes Gebot:
Tu es – aber lass dich nicht erwischen! Ich habe aufgegeben, mich an dieses Gebot zu halten, seit mir klar geworden ist, dass meine Frau noch mehr sieht als Gott.

Eleganz:
Die Intelligenz des Körpers, sich angemessen zu kleiden. – Ich bewundere Frauen mit dieser Körpereleganz, ich staune ihnen nach. Aber erotisch gesehen sind unelegante Frauen ergiebiger.

Elite:
Das Adjektiv elitär wurde lange Zeit von der Elite der Dummköpfe als Schimpfwort benutzt. Inzwischen sieht man die Sache entspannter: Die Elite, das sind Menschen wie du und ich, eventuell einen Tick gescheiter.

Elitehochschulen:
Eigentlich eine Selbstverständlichkeit, eine Tautologie, ein weißer Schimmel: an Hochschulen sollte immer die Elite zu finden sein. Mit diesem frommen Wunsch im Sinn versucht man neuerdings Elitehochschulen zu etablieren und das wuchernde Kroppzeug, das sich sonst so eingerichtet hat, vergessen zu machen.

E-mails:
Bizarre Einrichtung. Man bekommt Post von Unbekannten („Enlarge your penis!"), bei der man unschlüssig ist, ob, wie und mit welcher Länge man sie beantworten soll.

Emanzipation (weibliche Sicht):
Der gelungene Versuch, sich auf dem Niveau von Männern ein Fußballspiel anzusehen.

Emanzipation (männliche Sicht):
Der häufig gelingende Versuch, Männer auch an der wichtigsten Stelle kleinzukriegen.

Empörung:
Aufschrei nach innen, von Moral gespeist und deshalb nach der nächsten Mahlzeit vergessen.

Energiewirtschaft:
Erwerbszweig, der mit viel Energie starke Abzocke betreibt.

Engagement:
Wenn ein Künstler oder Intellektueller sich mutig auf eine Liste setzen lässt, in der zum Kampf gegen Ungerechtigkeit aufgerufen wird.

Engel:
Liebenswerte Person, die im Jenseits eine Beförderung erhielt und uns deshalb im Diesseits zur Seite steht.

England:
Seltsames Land, in dem es ständig regnet, man grauenhafte Frühstücke essen muß und ununterbrochen Schlange steht – während die Einwohner dabei gute Laune versprühen.

Entertainer:
Die besten sind jene, die unterhalten, ohne es zu beabsichtigen.

Entrüstung:
Innere moralische Aufrüstung mit bedrohlich anschwellender Stimme.

Entschlusskraft:
Eine Art Schrein, den viele vor sich hertragen – aber nie öffnen.

Enttäuschung:
Etwas, das man nicht beklagen sollte. Schließlich ist man um eine Täuschung ärmer und eine Erfahrung reicher.

Entwicklung:
Die Entwicklung der Spezies Mensch ist absolut positiv zu sehen. Welches Tier benutzt schließlich ununterbro-

chen ein Handy, fährt sein Auto an den Baum und sieht die Talkshow Kerner?

Entwicklungshilfe:
Im Ministerium auch kurz DaD genannt, Dienst am Diktator. Man spendiert afrikanischen Gewaltherrschern Millionen, die auf Schweizer Nummernkonten landen, während ihr Volk weiter verhungern darf. Eine Spezialität europäischer Staaten, die sich ihr gutes Gewissen etwas kosten lassen.

Epoche:
Niemand weiß, wann eine beginnt oder endet. Aber in hundert Jahren wird man von der guten alten Zeit reden, in der wir gerade leben. Mit verrückten Klingeltönen im Handy, Autos, die mit Benzin laufen und Nachrichtensendungen mit richtigen Menschen. Schade, dass wir es nicht mehr erfahren.

Erbonkel:
Familienmitglied, dem man mit freudiger Miene schöne Tage wünscht und hofft, dass sie möglichst schnell vergehen.

Erbschaft:
Ein Paket, bei dem man sich nicht über den Inhalt sicher sein kann.

Erbsünde:
Sünde, für die wir haftbar gemacht werden, obwohl wir sie ausnahmsweise mal nicht begangen haben.

Erde:
Kleiner Stern im Weltall, der sich für den größten hält.

Erektion:
An der richtigen Stelle positiv und stärkend, doch manche Männer laufen mit einer Ganzkörpererektion durch den Alltag und merken es nicht mal.

Erektionsschwäche:
Unbekannter Begriff, jedenfalls für Männer. Ursprünglich für den schiefen Turm von Pisa geprägt: Il torre non ha forte d'erectione.

Erfahrung:
Der Gegenwert für das viele Schulgeld, das wir im Laufe des Lebens zahlen müssen.

Erfolg:
Die furchtbarste Todsünde, die wir begehen können. Kollegen vergessen sie nie und vergeben sie schon gar nicht.

Erfolg, großer:
Die Quittung fürs richtige Projekt mit den richtigen Leuten zum richtigen Zeitpunkt. – Ich suche immer noch jemanden, der mir diese Quittung ausstellt.

Erinnerung:
Für den einen das Paradies, für den andern die Hölle.

Erlösung:
Ein Zustand, in den Ehepartner nach der Scheidung eintreten.

Eros:
Das ist der Gott, dem man eine Brille verschreiben möchte.

Erotik:
Für den Mann die Treppenstufen zum Sex, die er rasch hinaufzueilen sucht. Für die Frau ein Sofa, auf dem sie sich gern lange unbehelligt, doch unter bewundernden Blicken räkelt.

Erotomane:
Will immer, kann nie.

Erwachsene:
Dafür halten sich nur Leute, die ihre Kindheit völlig vergessen haben und auch nicht daran erinnert werden wollen.

Erziehung:
Beliebtes Verfahren, Kindern die eigenen Dummheiten beizubringen.

Esoterik:
Etwas so Geheimes, dass die Eingeweihten es gern kundtun.

Esprit:
Beliebtes Wort auf T-Shirts.

Etüde:
Wenn jemand stundenlang das Klavier malträtiert und behauptet, es sei nur eine kleine Übung.

Eurabien:
Die Tatsache, dass man sich in manchen Stadtvierteln von Berlin, London oder Paris nur noch auf arabisch ver-

ständigen kann, und der Muezzin auch den Ungläubigen in den Ohren liegt.

Euro:
Ein Thronfolger, der uns viel Geld aus der Tasche zieht.

Europa:
Eiland, das von seinen Politikern großgeredet und seinen Bewohnern klein gesehen wird.

Europäische Union:
Für arme Länder derselben ein wahres Labsal, für wohlhabende ein Anlass, sich an die Stirn zu fassen, für die Bewohner ein herumstapfendes Mammut, so groß, dass man es nicht mehr erlegen kann.

Europäische Union

Evangelist:
Einer, aus dessen Botschaft wir für uns Gutes heraus-
hören, während dem bösen Nachbarn die Hölle sicher ist.

Event:
Überflüssigkeit.

Eventkultur:
Wenn Kommerz und Konsum sich zu Nichtigkeiten vereinen, um den Zug der Verblödung zu beschleunigen.

Evolution:
Der Gang der Dinge, den man anhalten, verhindern oder
beschleunigen möchte, aber doch nur ertragen kann,
meist kopfschüttelnd.

Ewigkeit:
Sie wird immer kürzer. Was früher einmal Ewigkeit hieß,
hat heute eine mittlere Verfallszeit von etwa einem halben
Jahr. Dann beginnt eine neue Ewigkeit.

Exhibitionisten:
Männer mit plötzlich aufgehendem Mantel, unter dem sie
seltsamerweise nackt sind; die Fachleute sprechen vom
uncovered delusion syndrom, auf Deutsch: Blößenwahn.

Existenz:
Die irrige Annahme, nur weil wir essen und trinken seien
wir auch am Leben.

Existenzangst:
Bei den meisten: die berechtigte Sorge um Haben. Bei
wenigen: die noch berechtigtere Sorge um Sein.

Exklusivität:

Ehrwürdiger Begriff aus der Postkutschenzeit. Was sich heute als exklusiv ausgibt, wird einem morgen bei Aldi nachgeworfen.

Exorzismus:

Bei den richtigen Leuten praktiziert eine feine Sache: Politikern etwa die Vorstellung austreiben, mit Visionen die Bürger ins gelobte Land führen zu müssen.

Experimentalkunst:

Jene sausebrausige Kunstanstrengung, die von Professoren und Kritikern überaus geliebt und am nächsten Tag vergessen ist.

Experten:

Leute, die von einer Schraube alles wissen – nur nicht, zu welchem Apparat sie gehört.

F

Fachhochschule:
Möchtegernuniversität.

Fairness:
Begriff, der häufig in sozialpädagogischen Lehrbüchern verwendet wird.

Familie:
Unterschätzter Betrieb zur Herstellung einigermaßen tauglicher Erwachsener.

Familienanschluss:
Schwärmerische Single-Idee, die jeweils zu Weihnachten ausgegraben wird und durchweg in Ernüchterung endet.

Fan:
Leicht verkrampfter Liebhaber.

Fanatiker:
Leute mit kaltem Herz, schmaler Stirn und engem Kopf, die genau wissen, wie es geht, denen zum Glück aber keiner zuhört.

Fastnacht:
Regelmäßig auftretender Heiterkeitswahn, der seriöse Männer zu Pappnasenträgern macht und sympathische Frauen zu Hyänen, die fremden Herren nachjagen, um ihnen die Krawatten abzuschneiden und dabei laut lachen.

Faulheit:

Sympathische Einstellung zum Laufrad des Lebens, die Gschaftlhuberei als emsiges Nichtstun entlarvt.

Faust:

Ein deutscher Intellektueller, der seine Lebenskrise mit Hilfe des Teufels und dessen Drogen behandelt, mit ihm ein paar unvergessliche Tage verbringt, doch zum Schluss erfährt, dass seine Geliebte sich vor ihm graut.

Faust II:

Fortsetzung der Faust-Geschichte mit der nur sehr sadistische Regisseure ihre Zuschauer quälen.

Fegefeuer:

Eine Art Reinigungsanstalt für die Seele. Manche zittern davor, andere sehen darin eine saubere Schnellreinigung, einige halten das ganze Leben für diese Anstalt.

Fehler:

Entschuldbares Versehen, sofern man ihn selbst begangen hat – bei anderen natürlich eine grauenhafte Dummheit.

Feiertage:

Langsame Walzer der Langeweile.

Feigling:

Mensch, der seine Beine sinnvoll zu gebrauchen versteht.

Feind:

Jemand, der uns dankenswerterweise die Wahrheit sagt, und den wir deshalb hassen.

Feindschaft:
Kampfspiel unter Erwachsenen mit dem Ziel, den anderen zu unterwerfen.

Feministin:
Erkennt man daran, dass sie bei McDonalds stets eine Hamburgerin bestellt und dafür kämpft, dass auch die Bratwurst eine weibliche Form bekommt.

Fernsehen:
Erstaunlich oft genutzte Möglichkeit, seine Zeit totzuschlagen und dabei dick zu werden.

Fernsehdiäten:
Sie wären geistig wie körperlich segensreich, sind aber bisher der Gesundheitsministerin noch nicht eingefallen.

Fernsehkritiker:
Eine sehr, sehr bemitleidenswerte Person.

Fernsehprogramme (öffentlich-rechtlich):
Machen den Privaten mit Erfolg Konkurrenz nach dem Motto: Wenn man nur schnell genug still steht, sieht es so aus, als würde man sich bewegen.

Fernsehprogramme (privat):
Gesendete Litfass-Säulen. Tägliche Frage der Programm-Macher: Wie können wir mit noch mehr Reklame unsere Sendungen tapezieren, um das Programm völlig unkenntlich zu machen?

Fernsehpublikum:
Horde Süchtiger, die verlernt hat, das Programm auszupfeifen und deren Macher mit faulen Eiern zu bewerfen.

Fernsehzuschauer:

Diese Tätigkeit wird im Moment noch unentgeltlich ausgeübt, sollte jedoch als 1-Euro-Job anerkennt werden. Der tägliche Vier-Stunden-Durchschnittskonsum müsste auch Rentenansprüche zur Folge haben und vor allem Sozialleistungen.

Fernseh-Talk

Festredner:
Schlafmittel für festlich gekleidete Gäste im Saal. Jedoch ohne schädliche Nebenwirkungen.

Festschrift:
Nachrufe für immer noch Lebende.

Feuilleton:
Teil der Zeitung, immer ärmlicher und einschlummernder gemacht in der Annahme, dass die Interessenten sowieso allmählich aussterben.

Feuilletons:
Einst filigrane Spracharbeiten mit Witz, inzwischen dumpfbackige Elaborate von Leuten, die die Tinte nicht halten können.

Figur:
Kann jeder für sich in Anspruch nehmen, aber bei bestimmten Frauen will man sich nicht daran sattsehen.

Film:
In Deutschland eine Kunst, gut dann, wenn sie zum Grübeln verführt. In Hollywood ein Handwerk, gut dann, wenn es eine üppige Rendite einbringt.

Filmregisseur:
Eine Art Psychotherapeut, der die Schauspieler an der Hand nimmt, sanft auf sie einredet und zu ihrer Rolle führt. Wenn das nicht hilft, muss er auch in der Kunst des Wütens bewandert sein.

Filmstar:

Begehrteste Person in der Branche. Mit einem Filmstar in petto wird auch das lächerlichste Projekt realisiert.

Finanzamt:

Einrichtung, deren Post mit so zittrigen Händen geöffnet wird, als käme sie von der Lottogesellschaft.

Finanzamt

Finanzbeamter:
Wadenbeißer, dem zu entfliehen unmöglich ist.

Finanzminister:
Obszöne Person, die uns gern ordinär in die Taschen greift und dabei laut verkündet, wie wichtig Anstand und Korrektheit sei.

Finanzpolitik:
Herrliche Versprechungen – die leider dem eigenen Geldbeutel schaden.

Fleiß:
Die befremdliche Eigenart gewisser Menschen, dem Trägheitsgesetz zu widersprechen.

Flirt (männlich):
Der Versuch, ein unsichtbares Fädchen zu spinnen, auf dem man als Eros verkleidet zu der Frau hinübertänzeln kann. Gelingt selten, schon aus Gründen des Übergewichts.

Flirt (weiblich):
Die Kunst, einen Mann auf Distanz zu halten und ihm dabei das Gefühl zu geben, er stünde einem sehr nahe.

Flirtversuch, misslungener:
Er: „Mir scheint, ich könnte dich glücklich machen."
Sie: „Wieso? Gehst du schon?"

Flitterwochen:
Testlauf für den Ernstfall – Mängelrüge ausgeschlossen.

Flugangst:
Das nicht unbegründete Bibbern vor unerwarteter Landung.

Flugzeug:
Schnellstes Transportmittel – man muss nur An- und Abreise vergessen.

Föderalismus:
Wenn in Berlin was beschlossen und in den Bundesländern das Gegenteil gemacht wird. Früher auch Kleinstaaterei genannt.

Fortschritt:
Von weitem ein Elefant, beim Näherkommen eine Maus, vor unseren Füßen eine Schnecke.

Frage (beantworten):
Nur etwas für Einfaltspinsel, unerfahrene Abgeordnete und unbedarfte Talkshow-Gäste.

Frage (stellen):
Gute Möglichkeit, vom eigenen Unwissen abzulenken. Kennzeichen kluger Leute.

Frankfurter Allgemeine Zeitung:
Buchstabenfriedhof mit sehenswerten Fotos.

Frankreich:
Mittlere Macht, die sich nach wie vor für die größte hält. Stimmt! Jedenfalls, was das Essen angeht.

Frauen:
Unberechenbare Gattung. Man kann sich nicht einmal auf das Gegenteil dessen verlassen, was sie sagen. Sie selbst nennen das emotionale Intelligenz.

Frauenbeauftragte:
Mensch angeblich weiblichen Geschlechts, unerschütterlich davon überzeugt, dass es zu wenige Frauen gibt, die wie Männer aussehen und sich wie Männer benehmen. Ziel: Vermehrung dieses Frauentyps, natürlich ungeschlechtlich.

Frauenheld:
Mann mit gutem Selbstbewusstsein, der von Frauen nicht ganz ernst genommen wird.

Frauenliteratur:
Frauenbeauftragte streiten erbittert darüber, um was es geht. Literatur von, für oder über Frauen?

Frauen-Netzwerke:
Folterkammern für ahnungslose Männer.

Freiheit:
Ein Objekt der Sehnsucht, falls nicht vorhanden. Wird sie real, sinkt sie ab zum Objekt der Gleichgültigkeit.

Freizeit:
Im besten Fall eine Art Motor, der uns summend zu uns selbst transportiert.

Fremdgehen:
Irreführendes Wort. Die Fremde ist uns längst vertraut und verlockt zum heiteren Mitgehen.

Frauen-Netzwerk

Freude:
Jenes Hochgestimmtsein, das einen ahnen lässt, was für ein gutes Instrument man sein könnte.

Freund:
Jemand, der unser wahres Gesicht kennt und uns trotzdem mag.

Freundschaft:
Tiefe Zuneigung ohne flaches Körperbedürfnis.

Frieden:
Der Zustand zwischen zwei Kriegen, in dem mit raffinierteren Mitteln gekämpft wird.

Friedhof:
Ein Ort, den sich jeder ansehen muss – von unten.

Frigidität:
Wenn ein Mann von einer Frau mehr will als nur mit ihr reden und sie ihm antwortet: Das haben wir noch lange nicht ausdiskutiert.

Friseur:
Person, die den Ahnungslosen zu einer sportiven Frisur überredet und ihm dabei seine Glatze offenbart.

Frömmigkeit:
Verehrung eines höheren Wesens durch entsprechendes Tun gegenüber nichthöheren Wesen.

Frömmelei:
Verehrung eines höheren Wesens durch andauerndes Reden darüber.

Frohsinn:
Aussterbendes Wort in einer Gesellschaft, die mit Spaß jeden Frohsinn erschießt.

Führer:
Diskreditiertes Wort (Ausnahme Reiseführer). Galt einst für psychische Krüppel, die nur bei Heilrufen der Massen ihre Angst verloren. Ein Rätsel bleibt, woher die Massen kamen. Siehe auch Charakter.

Führerschein:
Die beste Möglichkeit, in Flensburg zu punkten.

Führungskraft:
In Unternehmen händeringend gesucht, da die aktuellen Führungskräfte alle Zeit und Kraft für ihre Karrieren verbrauchen.

Fundamentalist:
Person, die nur den Buchstaben, aber nicht den Geist einer Religion versteht.

Funkloch:
Etwas, das man sich nach stundenlangem Radio-Gedudel auf der Autobahn herbeiwünscht.

Funktionäre:
Schlaue Leute: sie haben eigentlich keine Funktion, schaffen sich aber eine, bis sie nicht mehr abzuschaffen sind.

Furor:
Ein innerer Propeller, der einen an die Decke befördert – wo man abschmiert und mit verstauchtem Kopf wieder am Boden landet.

Furor teutonicus:

Darunter litt im vergangenen Jahrhundert ganz Europa.

Fußball:

Aus Sicht der Spieler: Jeder schachert um die höchsten Prämien. Aus Sicht der Zuschauer: Fußball ist größer als das Leben – aber nur deshalb, weil das Leben meist so furchtbar klein ist.

Fußballfan:

Harmloser Zeitgenosse, der den Nationalitätenwahn auf einen Verein übertragen hat.

Fußballfunktionär:

Abgehalfterter Politiker, der vor der Kamera herumdruckst und keinen passablen rhetorischen Pass zustande bringt. Ab mit ihm in die Funktionärs-C-Klasse!

G

Gebote:
Richtlinien, die bei der Ausübung im Ungefähren verlaufen.

Geburt:
Der Beginn einer manchmal sehr langen Geisterfahrt.

Geburtstag:
Ein Tag, der traditionell gefeiert wird – nur fragen sich viele, warum.

Gedächtnis:
Ein Sieb, das all das festhält, was unwichtig und all das durchlässt, was wichtig ist.

Gedächtnis, gutes:
Leute mit so genanntem gutem Gedächtnis sind einem zuwider, denn sie erinnern sich an jede kleinste Kritik, haben aber alle positiven Anmerkungen vergessen.

Gedanke:
„Ich denke mal" – wer eine Bemerkung so einleitet, kündigt an, dass er mit Sicherheit keinen Gedanken äußern wird.

Gedankenlosigkeit:
Zustand, in dem sich zu viele ununterbrochen befinden.

Geduld:
Die wunderbare Fähigkeit, nur allmählich vor Wut zu platzen.

Gefängnis:
Ein Ort der Einkehr, allerdings unfreiwillig.

Gefühle:
Die wahren Triebfedern aller Konflikte. Weil das jede(r) ahnt, werden sie gern zusammengestaucht zu Sentimentalitäten – damit man sie nicht weiter ernst nehmen muss.

Gefühlsexhibitionismus:
Im Gegensatz zum normalen Exhibitionisten treten die an dieser Krankheit leidenden Personen nicht in Parks und hinter Büschen auf, sondern in Fernseh-Talkshows.

Gegenwart:
Wie eine schöne Frau. Man möchte sie gern erleben und auskosten, aber da ist sie schon vorüber.

Gehör:
Jenes Sinnesorgan, das bei den Richtigen unter- und bei den Falschen überentwickelt ist.

Gehör, absolutes:
Die seltene Fähigkeit, den falschen Ton beim Gesprächspartner herauszuhören, ohne seine Erklärungen zu benötigen.

Geilheit:
Wandlungen im Sprachgebrauch haben bewirkt, dass ein „geiler Bock" keineswegs ein lüsterner Alter, sondern ein schnelles Motorrad ist.

Geist:
Eine Eigenschaft, die zu besitzen man am liebsten von anderen hört.

Geist aus der Flasche:
Einer, der viele aufs angenehmste berauscht und manche aufs unangenehmste erwachen lässt.

Geister:
Jene unsichtbaren Verfolger, die manche abschütteln, während andere sie lebenslang bewirten.

Geistreichelei:
Das Federgewicht des Witzes.

Geiz:
Eine List des Lebens, die den Vermögenden arm macht, ohne dass er es merkt.

Geizkragen:
Person, die nach einem Händedruck sofort ihre Finger nachzählt.

Gelassenheit:
Nach einem Börsencrash die Wolken am Himmel zählen.

Geld:
Eine Art sechster Sinn. Ohne ihn kann man mit den anderen fünfen nur wenig anfangen.

Geliebte:
Eine Frau, die man aus guten Gründen nicht heiratet, weil ihre angenehmen Seiten noch eine Weile angenehm bleiben sollen.

Geliebter:
Ein wunderbarer Mann, der an den Ehemann in früheren Zeiten erinnert.

Geltungsbedürfnis:
Wenn deutsche Politiker einen Sitz im UN-Sicherheitsrat beanspruchen.

Generalsekretär:
Sehr beliebter Posten in politischen Parteien. Die meisten möchten General sein, schaffen es aber nur bis zum Sekretär.

Genie:
Jeder Mensch mit gutem Selbstbewusstsein, der eine Banalität zum ersten Mal öffentlich macht.

Genialität (männlich):
Die Fähigkeit eines Mannes, seiner Frau klarzumachen, dass sie geliftet nur zerknautschter aussieht.

Genialität (weiblich):
Die Fähigkeit einer Frau, ihrem Mann klarzumachen, dass ein offener Porsche Gift für seine letzten Haare ist.

Genitalien:
Etwas, womit Männer zu denken beginnen, wenn sie eine attraktive Frau sehen.

Genossen:
Duzfeinde im roten Pollunder.

Gentleman:
Ein Mann, der auch allein den Kaffee nicht schlürft, und

in dessen Anwesenheit Frauen ihr wahres Gesicht plappernd offenbaren, weil sie doch nichts von ihm erwarten.

Genuss:
Gegensatzbegriff zu Konsum. Zum Konsumieren gehört nichts außer Geld. Zum Genießen gehören Hingabe, Erlebenstiefe und Urteilsvermögen, alles Fähigkeiten, die den Werbefuzzis ein Gräuel sind, weshalb sie uns zu Konsumtieren abrichten wollen, denen jeder Genuss schnuppe ist.

Gerechtigkeit:
Eine Möglichkeit des Lebens, keine Wirklichkeit.

Germanisten:
Anderes Wort für Nistgermanen. Gemeint sind Scharen impotenter Professoren, die ihren Studenten vom Hildebrandslied vorschwärmen, das Rheingold in der Nähe von Worms vermuten und mit der deutschen Sprache wie Sumo-Ringer umgehen. In Ausnahmefällen gilt: „Sie sind Germanist – und können doch schreiben!"

Geschenke:
„Und wenn ihr kommt, klopft nur kräftig mit dem Fuß an die Tür!" – „Weshalb mit dem Fuß?" – „Na, ihr werdet doch nicht mit leeren Händen kommen?"

Geschichte:
Könnte eine Lehrmeisterin der Zukunft sein. Scheitert jedoch immer wieder an ihren unbegabten Eleven.

Geschmack:
Etwas, was sich alle auch ohne Sozialhilfe leisten könnten – wären sie nur dazu imstande.

Geschmacksverirrung:

Einen Bodybuilder für einen Mann, ein Laufsteg-Model für eine Frau zu halten.

Geschwindigkeit:

Eines jener Laster, das den Menschen ereilte, seit er feststellte, dass es Steigerungen zu einer Pferdestärke gibt.

Gesinnung:

Das intellektuelle Design der Zeit.

Gesinnungstüchtigkeit:

Wenn harmlose Bleichgesichter sich rot oder grün anmalen und sich dazu kampfeslüstern ein paar Hühnerfedern in's Resthaar winden.

Gespenster:

Manche bezweifeln ihre Existenz, andere sehen sie überall, dritte überreden sie zur Mitarbeit an ihrer Karriere.

Gesundheitsreform:

Eine witzige Wortschöpfung aus dem politischen Berlin: die Gesundheit soll reformiert werden! Wir sind dabei, ja freilich, und vielleicht kann man bei der Gelegenheit auch gleich die Sprache reformieren. So schwierig kann das doch nicht sein.

Gewalt:

Form der Auseinandersetzung, bei der beide Kontrahenten den Kürzeren ziehen, nur dauert es bei dem einen manchmal länger.

Gewerkschaft:

Ein Klüngel, der auf soziale Bindung achtet, also darauf,

dass alle einen Job haben und gutes Geld verdienen –
wenn sie Gewerkschafts-Mitglieder sind.

Gewerkschaftsfunktionäre:
Totengräber, die im Gewand von Hochzeitern auftreten.

Gewissen:
Eine lutherische Erfindung, die den Menschen seitdem
das Leben schwer macht.

Glamour:
Etwas, das in der Filmbranche seit jeher eine bedeutende
Rolle spielt, längst aber auch für andere Bereiche gilt,
besonders die Politik. Glamour bedeutet übrigens
Blendwerk.

Glamour-Girl:
Hässliche Göre, mit allen Mitteln aufgepeppt, damit hinten sitzende Männer mit ihren Augen Jojo spielen können.

Glaube:
Eine arge Zumutung, die darin besteht, eine Wirklichkeit
jenseits der Realität zu akzeptieren. Je intensiver der
Glaube, desto stärker die Einsicht, dass diese Realität
überhaupt nur stattfindet, weil jene Wirklichkeit existiert.

Gläubiger:
Einer, der inständig daran glaubt, dass er sein Geld vom
Schuldner zurückbekommt.

Glatze:
Schwund des Haarschmucks, auch unsensibel als Glatzen-
bildung bezeichnet. Kreative Männer behelfen sich mit
ausgetüftelten Konstruktionen: die letzten Haare werden

von der Seite über die immer höher werdende Stirn gelegt und sorgfältig angeklebt, andere züchten ihr verbliebenes Hinterkopf-Haupthaar in die Länge, um dann alles nach vorn zu werfen. All diese Methoden zeigen allerdings Nachteile bei stürmischem Wetter, daher der Begriff Schönwetter-Männer.

Glied:
Teil eines größeren Ganzen. Mitunter hängt ein ganzer Mann daran.

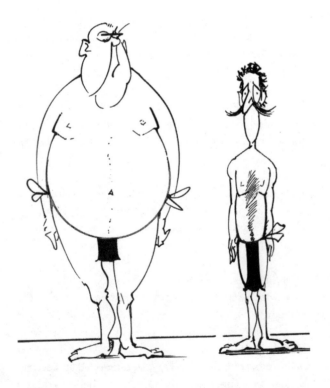

Glied

Globalisierung:
Die weltweite Umverteilung der Armut. Neuerdings bekommen wir auch etwas davon ab, was uns doch sehr an dieser Art Umverteilung zweifeln lässt.

Glück:
Man erlebt es nie, aber man erinnert sich daran.

Glücksmoment:
Den Rasen gemäht zu haben, kurz bevor es regnet.

Götterspeise:
Hinter dem Wort steckt eine seltsame Vorstellung von den Göttern. Sind sie zahnlose Wesen und deshalb Pudding-Fans? Oder haben sie nur keinen Geschmack? Oder einen Kindergeschmack? Sind sie am Ende selbst Kinder und wir ihr Spielzeug? Das würde manches in der Weltgeschichte erklären. Unter Gourmets ist eines sicher: die Götterspeise lässt man stehen, bis sie sich jene holen, für die sie bestimmt ist.

Gott:
Bestimmt kann man ihn zum Lachen bringen: man muss ihm nur ernsthaft seine Lebensplanung mitteilen.

Grab:
Die Pforte zum Jenseits. Wollen es doch hoffen.

Grüne:
Ursprünglich Gruppierung, die frische Luft in den Parteienmief blies und deren Mitglieder gern Rad fuhren. Heute Partei, die die ganze Welt umarmen will und nicht merkt, dass sie keine Arme hat.

Grundeinkommen für alle:
Stilllegungsprämie für kreative Geister, basierend auf Realitätsverweigerung.

Grundgesetz:
Ein Schutzwall zwischen Regierten und Regierung.

Gruppensex:
Form des lustvollen Miteinanders, die in schweißtreibende Arbeit ausarten kann.

Gürtel:
Kleidungsstück, um Bierbäuche einigermaßen in Schach zu halten.

Gurke:
Unterschätztes Lebensmittel, wie man immer wieder hört.

Gutachter:
Vor Gericht: Leute, die auf Kosten von Angeklagten ihr Profil schärfen. An Hochschulen: unbedeutende Sachverständige, da die Professoren in Berufungskommissionen stets ihren eigenen Vorurteilen folgen.

Gutgläubigkeit:
Eine gefährliche Eigenschaft, die meist den Kopf kostet.

Gutmensch:
Eine Spezies, die durchweg Absicht und Wirkung verwechselt und die übelsten Zustände hervorruft – aber glühend davon überzeugt ist, die Welt wieder mal gerettet zu haben.

H

Halbbildung:

Zu wissen, dass ein Halbleiter eine abgeknickte Leiter ist, dass Schiller den „Faust" schrieb und Mozart schwerhörig war – das ist eine ausgezeichnete Sache. Wer derart gebildet ist, zieht bewundernde Blicke auf sich, denn das Übliche ist die Viertelbildung mit Tendenz zu weniger.

Hamlet:

Ein junger Intellektueller, der sich, wie bei Intellektuellen üblich, nicht entscheiden kann und deshalb den ganzen dänischen Hof killt.

Handkäse mit Musik:

Absonderliche hessische Spezialität: stinkender Käse eingebettet in ein Gemisch aus Öl, Essig und Zwiebeln, nach dessen Genuß man zu hinterseitiger Blasmusik fähig ist.

Handy:

Gerät zur Liquidierung des Privaten und Intimen.

Handwerk:

Hatte früher einmal goldenen Boden, heute hat man Glück, wenn er aus Blech besteht.

Handwerker, deutsche:

Erkennt man daran, dass nach ihrer Arbeit alles von begabten Laien in Ordnung gebracht werden muss.

Handwerker, polnische:
Erklärt man ihnen, dass das Haus vollständig renoviert werden muss, sind sie enttäuscht. Sie dachten, es gäbe Arbeit für einen ganzen Tag.

Happy End:
Der scheinheilige Versuch des Films, das Leben zu überbieten.

Happy Hour:
Die Happy Hour ist beliebt, aber längst nicht ausgereizt. Chirurgen etwa könnten mit dem „schnellen und preiswerten Schnitt" locken, die Sauna mit heraufgesetzter Temperatur eine glückliche Röstung vollbringen, Lehrer mit erhöhtem Tempo ihren Schülern ein Express-Abitur bieten, und auch bei Beerdigungsunternehmen wäre die Happy Hour durchaus vorstellbar.

Harmonie:
Ein Zustand, von dem man schon hörte und den man gern mal erleben würde.

Hartz IV:
Ein Schuß in den Ofen, bei dem alle Beteiligten wie geschröddert dastehen.

Hass:
Die Kehrseite der extremen Liebe. Wirkt wie diese zerstörerisch, nur gegenüber sich selbst.

Hedonismus:
Spaßgesellschaft philosophisch.

Hedonist:
Luststängel.

Heesters, Johannes:
Ein Mann fortgeschrittenen Alters, der immer mal wieder auf einer Bühne entdeckt wird, wo er singt und Klavier spielt, während ihn seine Partnerin festhält. Vorbild für viele, die es auch auf die Bühne zieht, um genauso alt zu werden.

Heiliger:
Ein vor langer Zeit Verstorbener, dessen Sünden vergessen, dessen Absonderlichkeiten aber noch einigermaßen im Gedächtnis sind, weshalb die Kirche nun daran geht, ihn als Vorbild zu präparieren.

Heilung:
Als der Arzt seinem sperrigen Patienten Meisenbach nicht die Wahrheit sagen wollte und deshalb immerfort von Fortschritten redete, verlor Meisenbach eines Tages die Geduld und raunzte ihn aus dem Bett an: „Herr Doktor, über eines sind wir uns doch einig – ich sterbe geheilt!"

Heimat:
Ein Ort, wo man versteht, auch wenn man nicht alles versteht.

Heirat:
Der Heirat haftet grundsätzlich etwas Problematisches an. Selbst wenn eine Fünfzigjährige einen Fünfundzwanzigjährigen heiraten will, sollte sie bedenken, dass sie nach zehn Jahren sechzig und er fünfunddreißig, nach weiteren zehn Jahren sie siebzig und er fünfundvierzig ist. Die Frage ist unabweisbar: was soll sie mit einem so alten Mann?

Heißhunger:
Die Frage des Kellners, was man gewählt habe, damit beantworten, dass er einfach die Karte einmal hoch und runter bringen soll.

Held:
Das ist einfach zu werden: man muss nur einmal gegen den Strom schwimmen.

Herz:
Das Gegenorgan zum Kopf, leider viel geringer geschätzt, was ihm weh tut und deshalb häufig zu Herzeleid führt.

Herzensbildung:
Jene Beschaffenheit des Geistes, die Anfänger des Lebensstudiums ignorieren, Fortgeschrittene mühsam akzeptieren und Meister als den Gipfelpunkt erkennen.

Heuchelei:
Wenn jemand Kapitalisten als Heuschrecken beschimpft und Arbeitslose mit Hartz bestreicht.

Heuschrecke:
Ein Insekt, das gern metaphorisch für ökonomisches Unheil verantwortlich gemacht wird. Zu Unrecht! Zum einen ist es seine Natur, kahlzufressen, zum anderen frisst es nur dort, wo man es lässt.

Himmel:
Friedvoller Ort, der nicht leicht zu erreichen ist. Hat man es aber geschafft, macht sich gerade auf einer Wolke bequem und greift zu einem Glas Manna, erhebt sich doch die Frage: Wo bleiben jene Zeitgenossen, mit denen man so gut streiten konnte?

Himmel auf Erden:
Ihn gibt es, jawohl – in Schnulzen und Liebesfilmen.

Hinterlassenschaft:
Wenn jemand etwas hinter sich lässt und andere sich fürchten, es aufzuheben.

Hintertür:
Ausgang, der nur scheinbar ins Freie führt.

Hintertürchen:
Ausgang, den Politiker sehr gern benutzen, meist eilig und gebückt.

Hippies:
Ausgestorbener Menschenschlag, weil er gewaltfrei den Himmel auf Erden errichten wollte.

Hochmut:
Ein Kopfschmuck, der häufig verrutscht und niemandem gut steht.

Hochschule:
Einrichtung, die es heute kaum noch gibt, da alle Hochschulen auf seltsame Weise zu Universitäten mutiert sind.

Hochschul-Präsident:
Der kleinste Gernegroß an einer Hochschule. Hat keine Meinung, sondern lediglich den festen Willen, mit allen gut Freund zu sein. Hieß früher Rektor, aber Präsident klingt einfach bedeutender.

Hölle:

Man muss sich rechtzeitig entscheiden: Im Paradies ist das Wetter angenehmer, in der Hölle sind die Personen interessanter.

Hörgerät:

Ein wunderbarer Apparat – der nur viel zu selten zum Einsatz kommt.

Hollywood:

Effektivster Ort: hier werden Träume auf Zelluloid gebannt und der ganzen Welt verkauft.

Honorar:

Enttäuschung auf dem Kontoauszug.

Horoskop:

Wundertüte, aus der man sich manch Schönes herausklauben kann.

Humanität:

Eine Form der Menschenliebe, die sich jeder leisten kann – sie kostet nichts.

Humor:

Die beste Überlebensstrategie. Erfordert allerdings das Talent, lachen zu können – am besten über sich selbst.

Humor, schwarzer:

Aus dem Sarg heraus einen Witz über das Jenseits machen.

Humorfreie Zone:

Eine schauerlich-unfruchtbare Gegend, die sehnsüchtig der Düngung harrt.

Hybris:

Was von Kleingeistern Hybris genannt wird, ist nichts anderes als der Mut zur eigenen und deutlich ausgesprochenen Meinung. Problem dabei: man müsste eine haben.

Hypochondrie:

Das Kranksein, das unsensible Zeitgenossen weiblicher Provenienz für eingebildet halten, ist eine eindeutig männliche Domäne. Frauen sind unempfindlich für die Tiefe des Leidens, ein Mann dagegen begreift schon Erkältung und Schnupfen als apokalyptische Reiter des großen Rätsels namens Leben. Schopenhauer soll beim Anblick einer kleinen Warze auf seinem Handrücken ausgerufen haben: „Der Tod hat sich bei mir eingenistet!" Und Molière spielte kränkelnd die Titelfigur im „Eingebildeten Kranken", um seinem König Ludwig XIV. in der anschließenden Audienz zu erklären: „Sire, jeder Mann von Stil und Niveau ist ein Hypochonder".

I

Ich:
Jener große Unbekannte, den viele ein Leben lang suchen.

Ich-AG:
Entsteht, indem ein Arbeitsloser sich in eine Aktiengesellschaft umwandelt, Vorstandsvorsitzender wird und für die kosmetische Mutation viel Geld bekommt, mit dem er ein Jahr lang ordentlich leben kann. Nachdem es verbraten ist, kehrt er in sein früheres Dasein zurück, und die Bundesanstalt für Arbeit gibt ihre baldige Pleite bekannt.

Idealismus:
Jene wunderbare Fähigkeit, die Dornen des Lebens zu ignorieren und stattdessen nur die Rosen zu sehen.

Idealist:
Ein Wandersbursch mit vielen edlen Vorstellungen im Rucksack, die sich jedoch bald als Mühlsteine herausstellen.

Idee:
Etwas, das nicht durch gute Worte, aber durch ein gutes Honorar zu bekommen ist.

Ideologe:
Person, in deren Denken Tatsachen keine Rolle spielen und andere Menschen nur zum Schein vorkommen.

Ideologie:
Vereistes Denken.

Ideologien:
Friedhöfe, unter deren Grabsteinen mehr Tote liegen als man ahnt.

Idiot:
Einer, der vor uns abgebogen ist, ohne zu blinken.

Ignorant:
Jemand, der gut durchs Leben kommt, indem er klar zu verstehen gibt, nichts zu wissen und auch nichts wissen zu wollen.

Illusion:
Die ersehnte Fata Morgana in der Wüste, wo wir endlich unseren Durst löschen können.

Immobilie:
Eine Geldanlage, die nicht weglaufen kann.

Impotenz:
Zustand, der es erlaubt, das weibliche Geschlecht gelassen zu betrachten. Natürlich ist das Wort Männern durchweg unbekannt.

Individualist:
Jemand, der es riskiert, seine belächelten Vorstellungen in die Tat umzusetzen.

Indiskretion:
Nicht ausgelebte Verschwiegenheit.

Individuum:
Eine Erfindung der europäischen Aufklärung, die den Einzelnen stolz und einsam machte.

Infantilität:
Beliebter Zustand für Erwachsene, die es ablehnen, ihre Kindheit zu verlassen.

Infektion:
Die meisten infizieren sich nicht an Aids oder Cholera, sondern an Lüge, Betrug und Korruption, was weniger tödlich ist, aber dafür viel mehr einbringt.

Infantilität

Inflation:
Eine Million in der Tasche haben, aber keinen Espresso zahlen können.

Inflation, galoppierende:
Die Angst, dass auch die Milliarden im Portemonnaie bald nichts mehr wert sind, die Hoffnung, dass wenigstens eine Handvoll Zwiebeln bleibt, der Beweis, dass Geldscheine nichts anderes sind als bedrucktes Papier.

Inflagranti:
Zustand, in dem man sich besser nicht erwischen lässt. Passiert es dennoch, überzeugende Erklärung zur Hand haben: „Ich wollte schon immer wissen, wie es auf Italienisch geht."

Information:
Unbedeutende Angelegenheit, solange man nicht den Informanten kennt.

Inkompetenz:
Beliebte Form, Kompetenz vorzutäuschen.

Inkonsequenz:
Bei anderen: Ausdruck für Wankelmütigkeit. Bei sich selbst: Kennzeichen für hohe Flexibilität.

Innovation:
Eines jener Kaugummiworte, durchweg von Leuten benutzt, die weder mit einer Idee aufwarten noch wissen, wie man das Wort buchstabiert.

Instinkt:
Wenn die Nasenspitze Verstand besitzt.

Integration:
Eine Art Seil, mit dem man Fremde in die eigene Lebenswelt ziehen will. Läßt man das Seil einen Moment durchhängen, erschallt der Vorwurf der Fremdenfeindlichkeit.

Intellektuelle:
Frau, die einen Mann unvermittelt mit den Worten anspricht: „Mich interessiert mehr die Idee vom Mann als der Mann selbst, wenn Sie verstehen, was ich meine."

Intellektueller:
Mann, der lange darüber nachdenkt, wie er eine Frau ansprechen könnte und schließlich grübelnd sagt: „Ich glaube, ich kenne Sie aus einem Roman von Flaubert. Diese elegische Eristik im zweiten und fünften Kapitel… Oder war das ein Roman von Fontane?"

Intelligenz:
Jene erhoffte Eigenschaft von anderen, die zustimmend nicken, während wir reden.

Intelligenztest:
Nachdem schon häufig bewiesen wurde, dass Intelligenztests völlig überflüssig sind, möchte ich hinzufügen: Es ist auch ratsam, sich nicht mit seinem Ergebnis zu konfrontieren.

Interesse:
Eine Art Neugier, die nur selten echt, dafür meist von fiebriger Lust getrieben ist auf etwas, das man Klatsch nennt.

Interessenverbände:

Nette Einrichtungen, die dafür sorgen, dass staatliches Geld ausschließlich zu ihnen fließt. Mitgliedschaft empfehlenswert.

Internet:

Mit einer Maus in der Hand all den tierischen Blödsinn der Welt kennen lernen.

Internetauftritt:

Prima Möglichkeit, Zeitgenosse zu werden und andere mit den Worten zu verabschieden: „Besuchen Sie mich doch mal im Netz."

Interpretation:

Mit vielen alten Worten etwas Neues so vernebeln, dass es kaum noch zu erkennen ist und keiner mehr Lust hat, es selbst zu entdecken. Bewährte Methode von Literaturwissenschaftlern und Kritikern.

Interview:

Jemandem Antworten entlocken, die dieser schon hundertmal gegeben hat. Unbedarfte Journalisten beweisen damit, wie knallhart sie fragen können.

Intrige:

Methode, einen anderen ins Messer laufen zu lassen, ohne dass der es sieht.

Intrigant:

Jener reizende Mensch, der fein gesponnene Fallstricke spannt und nach dem Motto handelt: Wer andern eine Grube gräbt, sollte auf jeden Fall tief genug graben.

Iphigenie:

Eine weibliche Dramengestalt, deren bloße Erwähnung die Schüttelfröste der Schulzeit wachruft.

Ironie:

Nicht die schlechteste Form, sich die Zumutungen des Alltags vom Leib zu halten.

Irrtum:

Eine Form der Erfahrung, die uns das Leben jederzeit gewährt – nur können wir sie schwer akzeptieren.

Islam:

Religion, deren Toleranz in ihrer Geschichte begraben liegt.

Islamist:

Fanatiker im Religionsgewand, der gern über Leichen ins Paradies eilt.

Italien:

Jenes wunderbare Land jenseits der Alpen, wo niemand einen anderen verklagt, sondern ihn bei nächstbester Gelegenheit auch über den Tisch zieht.

Italiener(in):

Sogar bei der Weinlese schick angezogen. Eleganz als Lebensbedürfnis, nicht als Äußerlichkeit.

Italienisch:

Eine Sprache, bei der man schneller hören muß als sprechen kann.

J

Jäger:
Leute, die den Anstand unter den Hintern nehmen.

Jeans:
Bei wohlgeformten Frauen: eine Hose, die es sich lohnt näher anzusehen.

Jenseits:
Ein Ort, an den man glauben möchte – wüsste man nur, ob dort auch ‚Lorenzos Trattoria' am Sonntag geöffnet hat.

Job-Interview:
Hieß früher Einstellungsgespräch. Entscheidend ist, dabei rasch auf die wesentlichen Punkte zu kommen, also Urlaub, Spesen, Rente, lange Kündigungsfrist, auch die Frage nach der Qualität der Kantine ist nicht unwichtig, erkennt doch der Personalchef daran, welch einen Gourmet er vor sich hat.

Jongleur:
Jeder ist einer. Nur wissen viele nicht, womit sie gerade jonglieren.

Journalismus:
Niedere Form der Schriftstellerei, deshalb durchweg einflussreicher.

Journalisten:
Menschen, die es nicht nötig haben, beim Schreiben Phantasie zu entwickeln. Sie schreiben die Realität ab.

Jugend:
Eine köstliche Zeitspanne – die im Alter genau richtig käme.

Jüngstes Gericht:
Schauplatz, bei dem wir unsere Anwaltsphobie aufgeben und uns sehnsüchtig nach einem Verteidiger umsehen.

Jungbrunnen:
Wer ihm entsteigt, fühlt sich wie gebügelt und besitzt einen glatten Hintern – nur der Geist zeigt nach wie vor diese üblen Runzeln.

Junggeselle:
Mann, der ein friedliches Selbstgespräch dem kriegerischen Dialog mit dem anderen Geschlecht vorzieht.

Jury:
Institution, die mit einem Sieb hantiert und sich mitunter wundert, dass die Spreu statt dem Weizen hängen bleibt.

K

Kabarett:
Die Kunst, fürchterliche Wahrheiten so auszusprechen, dass die Zuhörer sie als Witze verstehen.

Käseglocke:
Beliebte Vorrichtung, unter der die eigenen Ausdünstungen einem mit der Zeit wie der Duft der großen weiten Welt vorkommen.

Kaffee:
Kein Getränk, sondern ein Hilfsmittel für poetische und andere Probleme.

Kaffeehausliterat:
Ausgestorbener Typus (Ausnahme: Wien), der im Café seine sämtlichen Romane entwarf, die er daheim dann doch nicht schrieb.

Kaiser:
Schon manche sind als Kaiser durchs Leben gegangen – doch nur einer hat es als Fußballer geschafft.

Kammerjäger:
Großwildjäger in Wohnzimmern.

Kanzel:
Hochgelegene Kiste, aus der heraus manchmal Erbauliches, oft aber auch Banales schallt.

Kanzler/in:
Nicht die größte, aber die mächtigste Pfeife in einer Regierungstruppe.

Kapitalismus:
Gewinnmaximierung auf Teufel komm raus. Ist der dann draußen, will's niemand gewesen sein.

Karikatur:
Gezeichnete Wahrheit, der nur der Betroffene widerspricht.

Karma:
All das, was wir aus früheren Leben mit uns herumschleppen und dem wir bei Bedarf die Schuld geben können für den jetzigen Zustand.

Karriere:
Ein Rennpferd, das sich nach einiger Zeit als Esel herausstellt.

Karrierist:
Er verwendet sinnvollerweise nur 50 Prozent seiner Arbeitszeit für seinen Job, die anderen 50 Prozent verbringt er damit, durch kreative Leibesübungen die über ihm Sitzenden auf sich aufmerksam zu machen.

Katastrophe:
Es fängt mit Zahnweh an und endet beim Untergang der Titanic.

Karriere

Kater:
Schlimm ist es nicht, einen zu haben, doch wenn man ihn gestiefelt und gespornt sieht, wird es Zeit, eine weitere Runde an der Matratze zu horchen.

Kavalier:
Auch heute noch gibt es Kavaliere. Sie öffnen der Frau die Tür, entnehmen eine Flasche aus dem mitgebrachten Kasten Bier, um sich sogleich wieder der Fußballübertragung vorm Fernseher zu widmen und die Frau nicht weiter beim Hereinschleppen zu belästigen.

Keuschheit:
Früher: der anstrengende Versuch, sich um eines der erregendsten Erlebnisse zu bringen. Heute: die gleichgültige Frage, ob es sich hier um eine Art von Oralsex handelt.

Kinder:
Billig in der Anschaffung, teuer im Unterhalt, deshalb in Deutschland zur Rarität geworden.

Kindergarten:
Ein Garten, in dem schöne Früchtchen heranreifen.

Kinderstube:
Einst gang und gäbe, heute ersetzt durch einen Stuhl – den vorm Fernseher.

Kino:
Es ist immer wieder ein erhebendes Erlebnis, wenn das Licht ausgeht und das Popcorn-Geraschel anhebt. Man sollte sich nicht allzu sehr von den Vorgängen auf der Leinwand ablenken lassen, so erfährt man eine Menge über die realen Menschen um sich herum.

Kirche:
Friedvoller Ort, den man gern öfter aufsuchen würde, aber nicht kann, weil nicht selten verschlossen. Während katholische Kirchen sich um Kundenfreundlichkeit bemühen, fühlen sich evangelische eher gewerkschaftlichen Vorstellungen verpflichtet. Bei ihnen muss der Sonntagmorgen für den seelischen Einkauf genügen.

Kitsch:
Lieb Kritiker, du fragst so streng, wie alles nur gekommen? Sei nicht so ernst, ich bin so froh, mach nicht mein Herz beklommen.

Klassiker:
Ein gern zitierter Schriftsteller, dessen Werke keiner kennt.

Klatsch:
Eine ungedruckte Zeitung, bei der man nicht zwischen den Zeilen lesen muss.

Kleinstaaterei:
Altes Wort für übertriebenen Föderalismus.

Kleptomane:
Einer, der nichts dafür kann, dass er andere ärmer macht.

Klimaanlage:
Gute Möglichkeit, auch im Sommer mit triefender Nase herumzulaufen.

Klimakatastrophe:
Andere Völker sprechen vom Klimawandel, die Deutschen klagen inbrünstiger: Katastrophen überall, also auch beim Klima.

Klimaschutz:
Versuch, dem Patienten Erde eine Kneipp-Kur zu verpassen.

Koalition:
Eine Zwangsheirat, bei der das gemeinsame Schlafzimmer entfällt.

Koalition, große:
Gewaltiges Bündnis für Lösungen mit kleinstem Nenner, bei dem die Bürger den Geldbeutel weit öffnen müssen, damit die Koalitionäre einträgliche neue Regierungsjobs für sich schaffen können.

Köche:
Es gibt solche und solche. Zu bevorzugen sind jene, die uns davon überzeugen, dass sie das Paradies auf einem kleinen Teller schaffen können.

Kochen:
Eine heiße Angelegenheit, die bei Tisch lauwarm bis frostig endet – wie ich als delikater Hobbykoch aus eigener Erfahrung mitteilen kann.

Kölsch:
Ein Bier, das Düsseldorfer nur heimlich trinken.

Körper:
Jener Teil von uns, den wir herzeigen, obwohl er nicht viel hermacht.

Kohl:
Küchengemüse. In Kopfgröße wird man seiner überdrüssig.

Kollege:
Einer jener unbegabten Menschen, der immer im Zusammenhang mit dem eigenen Namen genannt wird.

Kollektiv:
Sozialistische Gemeinschaft, die viel produziert – vor allem heiße Luft.

Kommission:
Horde sogenannter Fachleute, von denen keiner die Arbeit allein machen will. Deshalb werden die Probleme so lang diskutiert und differenziert, bis sich keiner mehr erinnert, worum es eigentlich ging.

Kommunikation:

Oberbegriff von Werbeleuten und anderen professionellen Lügnern. Während früher eine Mitteilung bedeutsam sein konnte, wird heute jeder Schwachsinn bedeutungsvoll kommuniziert.

Kommunismus:

Mörderische Staatsreligion, die auf die wichtigsten Fragen keine Antworten wusste und deshalb untergehen musste.

Komödie:

Spielt heute jeder, der etwas von seinen Mitmenschen versteht. Dummerweise halten es die anderen nicht für ein Spiel.

Kompetenz:

Qualität, nach der ständig gesucht wird und bei der die Nachfrage das Angebot weit übersteigt. Deshalb: am besten Inkompetenz mimen – das Staunen über die Restkompetenz ist umso größer.

Kompliment:

Wenn eine Lüge durch viel Make-up ein ganz nettes Aussehen bekommt.

Kompromiss:

Ein großer Regenschirm, unter dem alle Platz finden, bis sie merken, dass er lauter Löcher hat.

Kondom:

Trägt heute jeder Mann, der auf sich hält. Freilich gibt es, wie bei aller Unterbekleidung, guten und schlechten Geschmack. Manche Kondome sind so miserabel gearbeitet, dass man sich mit ihnen nur blamieren kann.

Doch Abhilfe ist in Sicht: Versace soll an dem Problem arbeiten.

Konferenz:
Ausrede für entscheidungsunfähige Chefs.

Konflikt:
Die Chance, endlich mal eine Lösung für ein Problem zu finden.

Konsens:
Eine Art Badetuch, das über die bloßen Stellen gelegt wird.

Konsequenz:
Fällt dann am leichtesten, wenn man nur einen Gedanken denken kann. Kommen weitere ins Spiel, gerät man ins Schlingern.

Konservativer:
Person, die sich für jung geblieben hält, weil sie genauso denkt wie vor fünfzig Jahren.

Konsum:
Früher ein Rennrad, heute ein Stehrad. Siehe auch Globalisierung.

Konsumverzicht:
Fällt gar nicht schwer. Man muss nur ins Portemonnaie gucken.

Konversation:

In Vergessenheit geratene Kunst, sich gegenseitig Pointen abzufordern. Heute ersetzt durch Talk-Shows und anderen großspurigen Exhibitionismus.

Konzentration:

Die Glanzleistung, ein paar Seiten in einem Buch lesen oder einem anderen eine halbe Minute zuhören zu können.

Konzert (klassisch):

Veranstaltung, die man gern mit dem Fernglas besucht – wie schafft es der Dirigent, mit einem Stückchen Holz in der Hand Musik hervorzuzaubern?

Konzert (Rock und Pop):

Veranstaltung, die man nur mit Ohropax aufsuchen sollte.

Kopf:

Jener Körperteil, an dem außen zwei Ohren angebracht sind. Manche geben auch vor, mit ihm zu denken.

Kopfjäger:

Auf neudeutsch Headhunters. Leute, die danach Ausschau halten, welcher Kopf sich am Gürtel eines Unternehmens am besten macht.

Kopftuchverbot:

Die Hoffnung, dass ohne Vermummung ein aufklärender Wind die entsprechenden Köpfe durchweht.

Koran:

Ein lesenswertes Buch, das häufig in die falschen Hände fällt. Wörter entziffern bedeutet nicht, auch schon ihren Sinn zu verstehen.

Korrektheit, politische:

Nicht zu sagen, was man denkt, aber davon zu schwadronieren, was man nicht denkt.

Korruption:

Wenn ein Politiker einen Flug auf die Seychellen geschenkt bekommt und anschließend davon überzeugt ist, dass das Atomkraftwerk in seinem Wahlkreis am Netz bleiben muss. Keine Korruption! Solche Nettigkeiten werden als „Nützliche Aufwendungen" verbucht.

Koscher:

Goldschmitt deutet auf ein Gericht in der Speisekarte: „Herr Ober, bringen Sie mir den Fisch." – „Verzeihung, mein Herr, das ist ein Cordon Bleu." – „Hab ich gefragt, wie er heißt, der Fisch?"

Kosmopolit:

Mensch, der sich nirgendwo daheim fühlt und deshalb damit protzt, er fühle sich überall daheim.

Krankenversicherung:

Ein Netz, in dessen Löcher man neuerdings leicht hineinfallen kann.

Krankheit, leichte:

Urlaubsversuch des Körpers vom Geist.

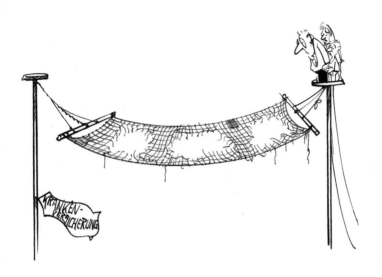

Krankenversicherung

Krankheit, schwere:
Mahnbesuch von Gevatter Tod.

Kreativität:
Aus einem Gedanken ein Theaterstück machen. Oder eine Erzählung. Oder wenigstens drei Sätze. Wie diese.

Kredit:
Begriff der angewandten Theologie. Denn der Banker muss fest daran glauben, seine Penunze wiederzusehen, hat aber höllische Angst davor, ins Leere zu greifen. Deshalb bekommt den Kredit am leichtesten der, der ihn eigentlich gar nicht braucht.

Kreuzfahrer:

Bande von Kriminellen und Psychopathen, die das Kreuz als Hackebeil benutzten.

Krise, allgemein:

In Deutschland auch als Weltuntergang bekannt. Kommt häufiger vor und wird durchweg überlebt. Erquickend ist der anschließende Freudentanz, der freilich überschattet wird von Prognosen über die nächste Krise.

Krise

Krise, persönlich:

Die furchtbare Erkenntnis, in einem Schlamassel zu stecken, das einen verschlingt. Entpuppt sich später als Fortbildungsmaßnahme des Lebens.

Kritik:

Daseinsform für Menschen, die nur mit dem Kopf denken.

Kritiker:

Mensch, der mit einem Skalpell rumfuchtelt und nicht merkt, dass es ein verrostetes Küchenmesser ist.

Kroklofwafzi:

Hier handelt es sich um jenen wunderbaren und tiefsinnigen Ausdruck aus einem Gedicht Christian Morgensterns, der in jedes Wörterbuch gehört. Er wird erläutert mit den Worten „Sememi! Seiokrontro – prafriplo: Bifzi, bafzi, hulalemi, quasti basti bo", und das ganze Gedicht mit dem Titel „Der große Lalula" eignet sich hervorragend zur Erklärung der Welt, so wie sie ist.

Krone:

Manche setzen sie sich auf den Kopf, andere stülpen sie über einen Zahn.

Krümel:

Es genügt, einem deutschen Bedenkenträger einen Krümel zwischen die Beine zu werfen – er wird fürchterlich stolpern.

Kult:

Das Gegenteil von Kultur, es reicht vom Kultauto über die Kulthose bis zum Kultwein, also durchweg Blödsinn, von ruhelosen Journalisten hochgepinschert.

Kritiker

Kultur:

Etwas, das man nicht essen oder trinken kann und das doch nährt und stärkt – was aber nur eine Minderheit weiß.

Kummer:
Zustand, den sich nur vermögende und gesunde Menschen leisten können. Für alle anderen gilt: Verzweiflung.

Kunst (erleben):
Notwendiger Luxus.

Kunst (machen):
Der hochgestimmte und häufig verzweifelte, aber auf jeden Fall schweißtreibende Versuch, Schöpfer sein zu wollen.

Kuss (männlich):
Eine weibliche Person mit Lippenkraft zum Schweigen bringen.

Kuss (weiblich):
Ein wortloses Versprechen, das selten eingelöst wird.

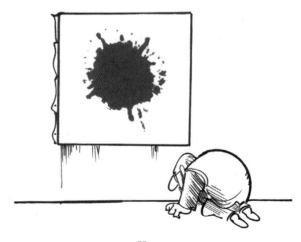

Kunst

L

Lachen:
Gesunde nonverbale Form einer menschlichen Äuße-
rung. Gefährlich bleibt die grelle Lache meist weiblicher
Herkunft, die plötzlich durch den Äther zuckt und
Hörstürze bei Umstehenden verursacht.

Lachtherapie:
Eine der besten Möglichkeiten, die eigenen Züge unter
Aufsicht entgleisen zu lassen.

Lächerlich machen:
Leute mit dem Florett durchbohren und ihnen zuflüstern,
sie müssten dennoch weiterleben.

Lärm:
Der Zustand um uns nach der Geburt, der bis kurz vorm
Tod anhält.

Lampenfieber:
Unerklärlich bleibt, warum die Lampe fiebert, bevor sie
eingeschaltet wird. Tatsache ist, dass viele Lampen gar
nicht erst aufleuchten, sooft sie auch eingeschaltet werden.

Langeweile (allgemein):
Unterschätzter Zustand. Langeweile ist revolutionär, weil
man unbedingt Auswege sucht, sie zu überwinden.

Langeweile (speziell):

Sie setzt ein, wenn die Leidenschaft zwischen Mann und Frau abklingt, also etwa drei Wochen nach Kennenlernen. Ein gefährlicher Zeitabschnitt folgt für den Mann, denn die Frau hat den Anspruch, für den Rest des Lebens von ihm wenigstens gut unterhalten zu werden.

Langweiler:

Jene Zeitgenossen, deren Reden oder Schweigen für uns immer dasselbe ist: ein Schlaflied.

Latin Lover:

Mann aus Mittelmeer-Gefilden mit angeblich starker erotischer Ausstrahlung, wie Urlauberinnen immer wieder berichten. Käsige deutsche Intellektuelle können über solche Irrlehren nur lachen.

Laudatio:

Lobrede auf jemanden, der immer noch lebt und sich zweifelnd umschaut – doch beim Zuhören wird ihm so recht klar, dass nur er es sein kann, ja sein muss, von dem die Rede ist.

Leben:

Das Leben ist das günstigste Geschäft, wir bekommen es umsonst. Glauben wir. Der Preis: es entpuppt sich als Nuß, die zu knacken sich im Lauf der Zeit als immer schwieriger herausstellt.

Lebensabend:

Ein Abend, der sich neuerdings immer länger hinauszieht. Wenigstens folgt ihm ein ungewohnter Morgen.

Lebensabschnitts-Partner:

Jene angenehmen Menschen, die uns eine Weile begleiten, bis sie begreifen, dass ein Abschnitt ein Abschnitt ist.

Lebenserwartung:

Wird immer länger, während die Erwartung unentwegt schrumpft.

Lebenskünstler:

Ein Mensch ohne Geld, der sich darüber freut, keine Sorgen zu haben, wie er es ausgeben soll. Meist aber hat er Geld und macht sich auch darüber keine Sorgen.

Lebenskunst:

Die Fähigkeit, alles Überflüssige wegzulassen. Es fängt bei der Vorsteuer an und endet beim Schuhputzen.

Lebenslüge:

Eine absolute Notwendigkeit für die meisten, ohne die sie sofort ins Koma fallen würden.

Lebenslust:

Wird häufig mit Lebenslast verwechselt, bedeutet aber das genaue Gegenteil: der Lebenslüstling leistet sich lachend heute schon das, wofür er auch in fünf Jahren noch kein Geld hat.

Lebensmittel:

Musik, Literatur, Kunst, Film – die Reihenfolge ist egal.

Lebenswandel:

Eine Gangart, deren Tempo bei vielen gerade so ist, dass der Motor nicht ausgeht.

Leberwurst:
Lebensmittel-Prüfer zum Metzger: „Wenn das raus-
kommt, was da reinkommt, kommst du rein und nie
wieder raus."

Lehrer:
Geplagter Mensch, der seinerseits eine Plage ist.

Leichenschmaus:
Die vergnügte Feier, nachdem man mit eigenen Augen
gesehen hat, dass der Tote unter die Erde gebracht wurde.

Leid:
Ein starkes Stimulans. Es ermöglicht Sprünge, die wir uns
nie zugetraut hätten.

Leidenschaft:
Inneres Feuer, das die Vernunft verzehrt und dem Verstand eine Nase dreht.

Leisetreter:
Eine Spezies, die mit Filzschuhen an den Füßen und
Dolch im Gewand zu Konferenzen schleicht.

Leistung:
Verpöntes Wort bei denen, die die Hängematte als
Erwerbsort gewählt haben.

Leitartikel:
Die Tat eines Intellektuellen am sicheren Schreibtisch.

Lektor:
Früher eine einflussreiche Person beim Autor und im
Verlag, weil des Lesens und Urteilens mächtig. Heute

muss er den Schmalspur-Manager mimen, der routinemäßig Absagen verschickt, weil die Vertreterkonferenz ihn nicht ernst nimmt.

Lektüre:

Ist armselig, wenn wir sie wie Pudding verschlingen. Großartig dann, wenn wir jeden Bissen auskosten und hin und wieder „Nein, Nein, Nein!" rufen.

Lesen:

Leibesübungen für den Kopf, die aber immer spärlicher werden. Manchen ist die Kniebeuge schon zu anstrengend, andere haben vergessen, wie der Klimmzug geht. Im Sinne der Volksgesundheit: Bildet Muskeln, Leute, Muskeln bilden!

Leser:

Der Leser ist durchweg eine Leserin, die sich auf obszöne Weise den sogenannten Events entzieht, um mit Büchern ein intimes Verhältnis zu pflegen.

Lesen

Lesung:
Der Autorenlesung liegt die Vorstellung zugrunde, dass Leser nur ungern selbst lesen und stattdessen lieber einer skurrilen Person beim Vorlesen ihres Humbugs zuschauen. Beides ist verkehrt: vielmehr schlüpft der Autor zu gern in die Rolle eines Schauspielers, um endlich mal leibhaftig den Beifall entgegenzunehmen – der sich jedoch häufig nach herzhaftem Gähnen und sägendem Schnarchen anhört.

Liberalisierung:
Davon sprechen jene am liebsten, die sich davon ein Anschwellen ihres Geldbeutels versprechen.

Licht:
Wer gern oft im Licht steht, schaut zu selten in den Spiegel.

Lichtgestalt:
Eine Person, nach der wir uns sehnen – die aber meist nur im Gewitter kurz aufleuchtet und sich dann als Onkel Alfred entpuppt, der gerade noch einmal davonkam.

Liebe:
Im Grunde etwas sehr Einfaches: Das Herz sprechen lassen und akzeptieren, dass es über jede Logik erhaben ist.

Liebeswahn:
Ein ganz normaler und nicht behandelbarer Irrsinn.

Lieblingslektüre:
Jene, die einem klar macht, warum man überhaupt liest. Schriftsteller haben keine Lieblingslektüre, da schlechte Bücher ihnen die Lust zum Schreiben nehmen – und gute erst recht.

Lieblingswörter:
Rentnerschwemme, Zahnersatzzusatzversicherung, Bundes-
wasserstraßenausbaugesetz.

Lifestyle:
Wort, von irgendeinem Journalisten aufgeschnappt und
nachgeplappert, den das Gefühl plagte, unmodern zu sein.

Linke, die:
Früher Bezeichnung für Leute, die Gerechtigkeit anstreb-
ten. Heute Bündnis aus Traditionssozialisten und in ihre
Besitzstände verkrallten Gewerkschafts-Neinsagern.

Links:
Nach wie vor die beste Möglichkeit, mit edlen Gefühlen
und gutem Gewissen die reale Welt zu verachten.

Linkspartei:
Politische Gruppierung, die öfter ihren Namen wechselt,
aber immer das Wählerreservoir der Linkshänder im
Blick hat, also Leute, die mit links arbeiten und mit rechts
umstoßen.

Litanei:
Wenn jemand einen einzigen und noch dazu moralischen
Gedanken ununterbrochen auf uns herabschwallt.

Literat:
Frage einen Literaten niemals nach Literatur. Eine Amsel
weiß auch nichts von Ornithologie.

Literatur:
Eine wunderbare Möglichkeit, am Leben anderer Leute
teilzuhaben ohne deren Sorgen teilen zu müssen.

Literaturkritik:
Gattung des Feuilletons, in der es darum geht, mit vielen abgehobenen Worten sich um ein Urteil herumzuschreiben.

Literaturkritiker:
Person, die sich vor das Buch stellt und beredt auf sich selbst hinweist.

Literaturpapst:
Bizarrer Beruf. Übt in Deutschland ein Mann aus, der einerseits als Stellvertreter (des Publikums) fungiert und andererseits unfehlbar ist (in der Auswahl der Titel, für die sich sowieso alle interessieren).

Literaturpreis:
Abfindung für jene, deren Bücher sich als Ladenhüter erweisen.

Lob:
Honorar-Ersatz.

Lobby:
Vorraum im Bundestag, in dem die Interessenvertreter auf dem Kopf stehen.

Lobbyist:
Windmacher, der auf Beute lauert.

Logik:
Verfahren für jene, die mit den Begrenztheiten des menschlichen Geistes klar kommen wollen. Für Menschen mit Phantasie dagegen pures Gift.

Lokaljournalist:
Furchtloser Journalist, der durch wütende Anzeigenkunden zum Schönschreiber wurde.

Loriot:
Äußerst seltenes Exemplar von Humorist, dessen Humor so wunderbar ist, dass wir lachen können, ohne zu weinen.

Lüge:
Für Dilettanten das Ausstoßen von blauem Dunst, für Adepten das Knüpfen von Seemannsgarn, für Könner die poetische Umschreibung der Wahrheit.

Luftschloss:
Ein Gebilde, das Schriftsteller bauen, das von Lesern bewohnt wird und Verlegern eine schöne Miete einbringt.

Lug und Trug:
Die Beschreibung des Hier und Jetzt.

Lust:
Ein Gefühl, das wider alle Anstrengung immer zu kurz kommt.

Luxus:
Danach strebt man unbedingt, auch wenn es nur selten etwas Erstrebenswertes ist.

Lyrik:
Eine Gattung der Literatur, die häufiger geschrieben als gelesen wird.

M

Macho:
Ein Mann, wie er im Buche steht – nur findet das keiner mehr.

Macht:
Droge und Klebstoff gleichermaßen; als Droge schon in kleinen Dosen süchtigmachend, als Klebstoff mit komischer Wirkung: der Mächtige klebt zäh an seinem Stuhl fest und getraut sich nicht, ihn zu verlassen.

Mäzen:
Einer, der sein gutes Geld in bessere Projekte investiert – solche, die ihn hoffentlich überleben.

Madonna:
Früher eine Frau, um den Blick zu senken, heute eine, um die Augen aufzureißen.

Magersucht:
Eine Glas Wasser trinken und über die vielen Kalorien klagen, die man gerade wieder zu sich genommen hat.

Mainz:
Die einzige Stadt Deutschlands mit zwei Jahreszeiten: Vor-Fastnacht und Fastnacht.

Mamme:
Drei jüdische Mütter reden über ihre Söhne. Die erste:
„Mein Sohn ist so reich, dass er sich Paris kaufen könnte."
Die zweite: „Mein Sohn hat soviel Geld, dass er sich Paris
und New York leisten könnte." Die dritte entnervt: „Wer
sagt euch denn, dass mein Sohn bereit ist zu verkaufen?"

Manager:
Gestählter Ministrant des Kapitals, nirgendwo daheim,
nur dem Mammon verpflichtet. Rollt mit neuer Logik
den Arbeitsmarkt auf: die Folge von Verlusten sind
Massenentlassungen, die Folge von Gewinnen sind auch
Massenentlassungen. Die Folge von allem: bald wird es
Unternehmen geben, die völlig ohne Personal auskommen, virtuelle Dinge produzieren, die wir im Fernsehen
anschauen, aber nicht mehr kaufen müssen. Endlich!

Männer:
Bedrohte Gattung, die von Frauenbeauftragten gern dezi-
miert wird. Es soll jedoch noch Frauen geben, die Männer
für einen angenehmen Zeitvertreib halten.

Manieren:
Zum Beispiel: die Kunst, nach innen zu rülpsen.

Mann:
Für die Fortpflanzung nach wie vor nicht unerheblich.
Dann aber ersetzbar durch regelmäßige Überweisungen
seinerseits.

Marktwirtschaft:
Verpönter Ausdruck heute. Die meisten haben gemerkt,
dass es lediglich ein zahmeres Wort für Kapitalismus ist.

Marktwirtschaft, soziale:
Hier geht es nur darum, wer die Oberhand gewinnt: die Sozialapostel oder die Marktschreier.

Maske:
Benutzen wir alle. Die Intelligenten besitzen eine reiche Auswahl davon, die anderen laufen immer mit derselben herum.

Massel:
Vom Vordach in die Mülltonne fallen und dabei den verlorenen Lottoschein wieder finden, der einen zum Millionär macht – wie der Rabbi prophezeite, als er vom großen Massel im Schlamassel sprach.

Massenspektakel:
Wenn man sich gern in Krach, Gestank und unter schwitzigen Leibern suhlt und dabei von einem coolen Event spricht.

Maßstab:
Innerer Zollstock, der gute Dienste leistet. Vielen jedoch abhanden gekommen und bei manchen durch ein Klappmesser ersetzt.

Medien:
Blaskonzert, das die feinen Stimmen übertönt. Schwillt immer mal wieder kakophonisch an, nach wenigen Tagen jedoch weiß niemand mehr, worum es überhaupt ging.

Mediengestaltung:
Eines jener geistreichen Studienfächer an Fachhochschulen. Studenten sitzen vor Bildschirmen und überlegen, ob mehr Rot oder Grün in die linke untere Ecke muss.

Medienresistenz:

Die nützlichste Einstellung unserer Zeit. Sie besteht darin, sich selbst am ehesten zu glauben.

Meeting:

Ein wahnsinnig beliebtes Wort, alle wollen zum Meeting als gehe es zum Gruppensex. Dabei ist das Meeting lustfeindlich und noch unerfreulicher.

Melancholie:

Die Einsicht, dass wir nur momentweise erfahren, was Leben sein könnte. Sowas ruiniert die Stimmung, die wir deshalb melancholisch nennen.

Mensch:

Lebewesen, das auf zwei Beinen Musik und Geschäfte macht, telefoniert und sich fortpflanzt, in politische Parteien eintritt, manchmal sogar nachdenkt und dabei glaubt, sich vervollkommnen zu können, obwohl es als einziges Tier weiß, dass es zum Sterben verdammt ist.

Menschheit:

Eine Art Rollkommando, das die Erde in Besitz genommen hat.

Menschheitsgeschichte:

Mord- und Totschlagorgie in wechselnden Dekorationen.

Menschlichkeit:

Seltenes Gut, vor allem unter Menschen. Wird meist von denen laut eingefordert, die schuld sind an seinem Verschwinden.

Mephisto:

Intelligenter und versierter Entertainer und Drogendealer, der den Gelehrten Heinrich Faust zu einigen Trips verführt, auf denen der sich sauwohl fühlt, sich verjüngt und sogar verliebt.

Millionär:

Jeder ist einer, nur wissen es die meisten nicht, weil sie lediglich Geld zählen.

Milliardäre:

Den echten ist ihr wahres Vermögen unbekannt. Die unechten glauben tatsächlich, sie wären reich.

Minderheit:

Eine Gruppe, die solange Unrecht hat, bis sie zur Mehrheit wird.

Minderheitenvotum:

Ein richtiges Urteil, nur ist die Mehrheit noch nicht imstande, es zu verstehen.

Mineralölkonzerne:

Unternehmen mit Gierschlund & Raffke-Mentalität, die an der Preisschraube drehen bis ihnen hoffentlich der Arm abfällt.

Mineralwasser:

Ein Trunk ohne Reue und bar jeder Lust.

Mini-Job:

Eine Arbeitsmarkt-Idee, die viele neue Stellen schafft – und noch mehr abschafft.

Minimal-Music:
Erkennt man daran, daß in einem Konzert lange nichts, dann zaghaftes Instrumentenstimmen zu hören ist, bis der Dirigent sich schließlich umdreht, dem Applaus entgegenhorchend, während ungeübte Hörer den Nachbarn fragen, wann es denn endlich losgeht mit dem Konzert.

Minimalziel:
Wer es anstrebt, zeigt eine gute Absicht – und einen schwachen Willen.

Mineralölkonzerne

Minister:
Politiker, der ein öffentliches Amt ergattert hat und mit oft erstaunlichem schauspielerischem Talent sich selbst spielt. Erfreut sich zu aktiver Zeit schon lebhaft sprudelnder Einkünfte. Das erstaunte Publikum erfährt erst Jahre später, wenn überhaupt, von Misswirtschaft und Klüngelei. Abhilfe: stündliche Kündigungsfrist einführen und bei Entlassung vorsorglich teeren und federn.

Ministerpräsident:
Davon gibt es in Deutschland einen ganzen Haufen, die eine Woche nach ihrem Abgang keiner mehr kennt.

Misserfolg:
Die Stufe auf der Leiter zum wahren Erfolg.

Missverständnis:
Was als Missverständnis ausgegeben wird, entpuppt sich meist als extrem genaues Verständnis.

Mitbestimmung:
Den kleinsten Nenner als größten Erfolg ausgeben.

Mitgefühl:
Nicht nur mitleiden, sondern sich auch mitfreuen können – wer das problemlos hinkriegt, hat nicht umsonst gelebt.

Mitläufer:
Person, die vergessen hat, wie man alleine läuft.

Mitleid:
Eine Abteilung der Liebe, die wortreich beschworen wird, in die sich aber selten jemand verläuft.

Mittelalter:
Eine Epoche, die nicht ganz so übel war wie ihr Ruf. Man denke nur an so treffliche Strafen wie den Pranger, die Daumenschrauben und das Teeren und Federn. Und anschließend denke man an die penible sozialpsychologische Betreuung von Kinderschändern und Mördern heute.

Mobbing:
Beliebt gewordene Tätigkeit, anderen ein Bein zu stellen, die Hose herunterzuziehen oder die Tür vor der Nase zuzuschlagen. Die Kunst besteht darin, fröhlich pfeifend ganz woanders zu weilen. Heimliches Motto: anderen eine Grube zu graben, ist anstrengend, zahlt sich aber fast immer aus.

Mobilität:
Heute hier, morgen dort. Und doch nicht einen Euro mehr in der Tasche.

Mode:
Verbot, sich anders zu kleiden als die Mehrheit.

Moderator:
Person, die anderen gern ins Wort fällt – leider meist an den falschen Stellen.

Moderieren:
Tätigkeit, die unterschiedlich aufgefasst wird. Die einen stellen fortwährend kluge Fragen, die doch keiner beantwortet. Die anderen schneiden unentwegt wichtige Themen an, um sie gleich wieder zu vergessen.

Moderne, die:

Wenn die Welt so unübersichtlich wird, dass das Schlafzimmer sich als Toilette herausstellt, die Toilette als Küche und die Küche als Keller, bis man beschließt, auf diese Unübersichtlichkeit zu pfeifen.

Modeschöpfer:

Ein Schneider, der in seine Schnittmuster alle halbe Jahre eine Falte rauf, eine Falte runter einnäht und weibliche Skelette damit auf den Laufsteg jagt – während Journalistinnen begeistert von der neuen, aktuellen, trendy Mode berichten.

Momentaufnahme:

Nicht nur ein Moment wird aufgenommen, sondern die Aufnahme zeigt einen unwiederbringlichen Moment. Aneinandergereiht das ganze Leben, und wir fangen an zu weinen.

Monogamie:

Völlig unnatürlicher Zustand, wie wir von anderen Kulturen lernen können. Der König von Ashanti (Westafrika) zum Beispiel beschwert sich schon seit Jahren darüber, dass er mit nur 3333 Ehefrauen auskommen muss.

Monolog:

Eine anregende Unterhaltung mit sich selbst.

Mops:

Skurriles Etwas, das aussieht als sei es gegen die Wand gelaufen und dessen Gesicht sich dabei in Falten aufgelöst hat. Tierliebhaber beharren halsstarrig darauf, dass es mal ein Hund war.

Moral:

Eine harte Knute für die meisten, die sie deshalb lieber auf andere niedergehen lassen.

Moses:

In Israel kein besonders beliebter Vorname. Der historische Moses schleppte die Hebräer vierzig Jahre durch die Wüste, um sie an den einzigen Ort im Mittleren Osten zu bringen, wo es kein Öl gibt.

Muckefuck:

Getränk für Herz- und Gehschwache. Wird in Österreich als „Verlängerter" feilgeboten und in Italien als „Latte macchiato".

Multikulti:

Ein Glaube so gefährlich wie ein Sprengsatz, von Leuten erfunden, die weder eine Ahnung vom Menschen noch von Kulturen haben, die Welt nur mit rosaroter Brille ertragen und sich ausgebreitet haben wie Karnickel in freier Wildbahn.

Multikulti

Mundtote:
Eine Spezies, von der es viel zu wenige gibt.

Musik:
Eine Sprache, die erotisch, emphatisch, elektrisierend sein kann und kein einziges Wort dafür braucht.

Musikkritiker:
Der Komponist schreibt seinem Kritiker: „Ich sitze auf dem Klo und habe Ihre Kritik vor mir. Gleich habe ich sie hinter mir."

Musterknabe:
Es lohnt sich, bei Schwiegermüttern als solcher aufzutreten. Im sonstigen Leben eher unerquicklich, da mit wenig musterhaften Reaktionen zu rechnen ist.

Mut:
Die Form der Tapferkeit, die die Angst überwindet.

Mutprobe:
Die Scheinform der Tapferkeit, die die Dummheit nachäfft.

Mutter:
Die Frau, der wir am meisten verdanken, auch wenn wir es oft vergessen. Wenigstens vergisst sie es nicht.

Mutter aller Kriege:
Blumige Perversion eines kranken Hirns.

Mutter aller Schnäppchen:
Sinnvolle Ergänzung dazu. Hier geht es lediglich um eine untere Ebene von Spaß.

Muttertag:
Ein Tag, an dem wir unser schlechtes Gewissen so hektisch beruhigen, dass die Mutter dankbar ist, wenn er zu Ende geht.

Mystik:
Sie verstehen ist unmöglich, sie erleben noch unmöglicher, selbst wenn man wie ein Derwisch tanzt und dazu Meister Eckhardt liest.

N

Nachbarn:
Jene Sorte von Menschen, die man erziehen möchte, um die Welt zu verbessern. Leider sind sie umgekehrt schon auf denselben Gedanken gekommen.

Nachbarn, ideale:
Leise, liebenswert, lächelnd – also tot.

Nachbesserung:
Ein Polit-Begriff aus neuerer Zeit, der wie folgt funktioniert: ein Fahrrad mit klangvollen Namen wird vorgestellt, das jedoch weder Sattel noch Räder besitzt und die Hersteller veranlasst, öffentlich zu überlegen, was wohl fehlt.

Nachrichtenmagazin:
Informationsquelle, bei der die Informationen sprudeln, während die Quellen unbekannt bleiben.

Nachruf:
Geschönte Bescheinigung für einen Verstorbenen. Die Idee dabei: sollen doch die Empfänger im Jenseits selbst die Wahrheit über ihn herausfinden.

Nachspiel:
Ausdruck für jene angenehme Müdigkeit nach sexueller Betätigung, der sich ein Mann sogleich hingibt, während die Frau seltsamerweise noch eine Weile unruhig wartend wach liegt.

Nacht:
Der Katalysator für den vorangegangenen Tag.

Nachwuchs:
Jene lieben Kleinen, die wir nach unten blickend suchen, während sie uns schon längst auf den Kopf spucken.

Nachwuchssorgen:
Die einen wissen nicht, worum es geht, die anderen sorgen sich bis ins hohe Alter darüber.

Nächstenliebe:
Nicht den lieben, der da ist, sondern jene, die weit weg sind. Das ist das Befriedigende an der Nächstenliebe.

Naivität:
Mit Vertretern der Islamverbände schwätzen und überzeugt davon sein, ein interkulturelles Gespräch zu führen.

Name:
Nie Schall und Rauch, immer Sinn und Feuer.

Nationalist:
Einer, der seine Befriedigung darin findet, auf andere Nationen herabzuschauen.

Natürlichkeit:
Eine Pose, zu der manche mit allerlei Verrenkungen imstande sind.

Natur:
Das Gegenteil von Kultur, also eine brutale und lebensgefährliche Angelegenheit – und insofern der Kultur doch ziemlich ähnlich.

Nebel:

Sichtbare Luft, in der sich mancher gern unsichtbar macht.

Neid (empfinden):

Weit verbreitete menschliche Eigenschaft, auf den Kollegen zu schielen und sich dabei als armselig zu empfinden. Was meist stimmt. Grundsätzlich gilt: Neidisch sind immer nur die anderen.

Neid (ertragen):

Immer daran denken: es ist eine Art Ritterschlag, für den man schwer schuften musste.

Neidkultur:

Mit Kultur hat dieses Phänomen überhaupt nichts zu tun, vielmehr handelt es sich um das genaue Gegenteil, die Bankrotterklärung einer Gesellschaft.

Neudeutsch:

Wenn Ausstellungen unter dem Titel „East meets West" eröffnet und Veranstaltungen als „Hot times for cool days" angeboten werden, Bäckereien zu Back-Shops mutieren, Friseurläden Hair-cuts heißen und der Ausverkauf als Sale firmiert – dann befinden wir uns mit Sicherheit in deutschen Landen. Wenn irgendwann mal ein afrikanischer Dialekt in Mode kommt – die Deutschen würden ihn sofort übernehmen, so sehr verachten sie ihre eigene Sprache.

Neue Zürcher Zeitung:

Alte Tante, die gelehrte Sachen im Kostüm des 19. Jahrhunderts feilbietet.

Nikolaus:

Zu Grabe getragener älterer Herr, der seine Wiederauferstehung in Amerika als Santa Claus erlebte.

Normalität:

Jenes abscheuliche Mittelmaß, das jede Abweichung nach oben oder unten für abartig hält.

Nullwachstum:

Eine sprachliche Lüge, die aber niemandem mehr auffällt, weil Wachstum ein Fremdwort geworden und die Null für eine zeitgenössische Vorsilbe gehalten wird.

Nymphomanin

Nymphomanin:

Frau mit gutem Appetit, dem auch Männer leicht zum Opfer fallen können. Als berühmte Nymphomanin gilt etwa Katharina die Große, die sechsmal am Tag befriedigt werden musste. Sie selbst erklärte, dass Sex das beste Schlafmittel für sie sei. Die zeitgenössische Nymphomanin lebt meist im Verborgenen – doch auch für sie gibt es Lösungsmöglichkeiten, denn Männer haben durchweg ein offenes Ohr für ihre Wünsche. Dies gilt es gezielt zu suchen, das Ohr.

O

Ober:
Wer den Ober ruft müsste eigentlich auch den Unter verlangen können. Kommen tun sie beide nicht. Bedient wird man nur, wenn man sich selbst zum Unter macht oder mit dem Personal verbrüdert.

Oberbürgermeister:
Städtischer Verwalter eines Schuldenbergs.

Öffentliche Meinung:
Die Meinung eines Einzelnen, mit dem Lautsprecher verkündet.

Öffentlichkeit:
Die Öffentlichkeit spielt stets eine große Rolle – bei all den Dingen, die unwesentlich sind.

Öffentlichkeitsarbeit:
Den Leuten ein Ei für ein Huhn verkaufen und beleidigt sein, wenn sie es merken.

Ökologie:
Lehre, die klarmacht, dass alle Lebewesen sich in ihrer Umwelt wohlfühlen sollen, bis wir sie verspeisen oder ausrrotten.

Ökologie & Ökonomie

Ökonomie:
Lehre, die klarmacht, dass es nicht so sehr auf die Umwelt ankommt, sondern darauf, dass wir regelmäßig und in großen Mengen alles Mögliche verspeisen.

Ökonomisierung (der Welt):
Globalisierung.

Ökonomisierung (des Denkens):
Bei nicht wenigen die einzige Form des Denkens. Dabei handelt es sich hier um Kapitulation ohne Widerstand.

Öl:
Jener Saft, der Motoren und Kriege in Gang kommen lässt.

Oper:

Das erste multimediale Entertainment. Bis heute so gut, dass die Zuschauer sogar weinen können.

Opernsänger:

Mann, der sich ein Schwert in die Brust stößt und singend in den Tod sinkt.

Opernsängerin:

Frau, die sich singend über den Todgeweihten beugt und ihm mit ihrem üppigen Busen den Rest gibt.

Opportunismus:

Die Fähigkeit, das auszusprechen, was wechselnde Gesprächspartner gerade hören wollen.

Opportunist:

Hyäne, die auf den Fürzen von anderen zu fliegen versucht.

Optimist:

Ein Zeitgenosse, der weder Zeitung liest noch Nachrichten hört.

Optimismus:

Eine angeborene rosa Brille, die im Unglück eine glückliche Fügung, in der Niederlage einen Sieg und in Aschenputtel sogleich eine Prinzessin erkennt.

Orgasmus:

Dem Orgasmus wird deshalb so viel Bedeutung beigemessen, weil unser Leben ohne ihn ganz ohne Höhepunkte wäre.

Orgie:
Schrecknis für Monogame, willkommene Abwechslung für alle anderen.

Ossi:
Zärtliche Bezeichnung für einen Zeitgenossen, der es vorzieht, in der Vergangenheit zu leben.

Othello:
Dies Theaterstück zeigt, dass Eifersucht zu nichts führt außer einer Menge Toten. Auch der Held schließt sich dieser Erkenntnis an und bringt sich deshalb zuletzt ebenfalls um.

P

Pädagoge:
Liebe Person, die Kinder gut aus Lehrbüchern kennt.

Pädagogik:
Künftige Lehrer erfahren wissenschaftlich, wie sie Kinder am besten missverstehen.

Panik:
Jener Zustand, in dem sich Männer kurz vorm Heiraten befinden und der während der Ehe immer wiederkehrt, wenn die Frau mit der Kreditkarte einkaufen geht.

Panikforscher:
Leute, die wissenschaftlich herauszufinden suchen, ob im Fußballstadion zwei oder drei Notausgänge erforderlich sind.

Papier:
Material, das weiß und unschuldig in die Welt schaut, bevor es mit allerlei kruden Gedanken beschmiert dieselbe aus dem Trott zu bringen versucht.

Papierkorb:
Die wichtigste Ablage in jedem Büro.

Papst:
Der einzige Chef einer weltweiten Organisation, der doch nur Vize-Chef ist.

Paradies:
Ein kühnes Versprechen für das Leben nach dem Tod. Bis heute ist unerforscht, ob das dortige Manna wie Bier schmeckt.

Parodie:
Mit der Stimme eines anderen sprechen, um zu zeigen, wie Gaga das klingt.

Parteien (politische):
Vereine für Leute, die Staatssekretär werden wollen, wo es für sie eigentlich nur zum Hausmeister reicht.

Partnerwahl:
Der Mann strebt nach Masse, die Frau nach Klasse – das ist das ganze Geheimnis der Partnerwahl.

Party:
Früher etwas, dem man entgegenfieberte. Heute Möglichkeit, alte Bekannte wiederzusehen, die man längst für tot hielt.

Passbild:
Ein Porträt, auf dem man sich zwar nicht sofort, doch dafür zwanzig Jahre später wiedererkennt.

Patentrezept:
Damit kann man sowohl Heuschnupfen wie Triefauge heilen, zugleich den Fußpilz zurückdrängen, Achselschweiß-Attacken reduzieren und Mundgeruch wirksam bekämpfen. Und bei alldem verlorenes Selbstvertrauen zurückgewinnen. Dieses Mittel heißt „Neunerlei Gliederöl" – und Interessenten melden sich bitte bei mir persönlich zum Kauf an.

Pathos:
Hier sitze ich! Ich kann nicht anders! Muss dies in den Computer hämmern! Muss, muss, muss! Hängt und vierteilt mich!

Patriot:
Im Ausland von daheim schwärmen – daheim vom Ausland schwärmen.

Persönlichkeit:
Etwas zu besitzen, was andere einem liebend gern abkaufen würden.

Persönlichkeitsseminare:
Veranstaltungen, in denen clevere Geschäftsleute für viel Geld etwas verkaufen, was noch nicht einmal durch langes Leben zu erwerben ist.

Perücke:
Bei Männern: der verlorene Kampf ums Haupthaar. Bei Frauen: die lässliche Sünde, sich mit fremden Federn zu schmücken.

Perversion:
Etwas weitab vom Normalen, für das wir uns schaudernd sehr stark interessieren.

Pessimismus:
Im Glück das Unglück erkennen, im Sieg die Niederlage sehen, im Schönen den Verfall wittern. Eine deutsche Grundtugend gewissermaßen.

Pessimismus

Phantasie (allgemein):
Die Fähigkeit, so zu denken, dass andere einen als Spinner bezeichnen.

Phantasie (männlich):
Den Abwasch stehen lassen und stattdessen im aufheulenden Ferrari allen die Rücklichter zeigen.

Phantasie (weiblich):
Viel bizarrer als bei Männern. Bei verheirateten Frauen noch gesteigerter – was auch absolut notwendig ist beim Blick auf ihre Ehemänner.

Philologen:

Kahlgewordene alte Herren mit Fliege, die beim Urlaubs-Einkauf in Viareggio Horaz im Original deklamieren, aber ins Straucheln kommen, wenn sie ein Stück Butter ordern sollen.

Philosemit:

Ein Antisemit, der die Juden liebt.

Philosophen:

Herrscher im Luftreich des Geistes; von anderen Philosophen auch als Kopfverdreher und Unsinns-schmierer bezeichnet.

Philosophie:

Unverständliche Versuche, die Welt zu verstehen, oft von Geistern ausgeheckt, die noch nie bei Aldi einkaufen waren.

Plagiat:

Die wunderbarste Art, jemandem seine Hochachtung zu erweisen, ohne seinen Namen zu erwähnen.

Planwirtschaft:

Prima Möglichkeit, ein Land zu ruinieren. Und seine Bewohner gleich mit.

Plaste und Elaste:

Bezeichnung in der alten DDR für eine Gehhilfe wie den Trabbi.

Pleite:

Wenn der Ofen nicht kalt, sondern aus ist.

Pleitegeier:
Kreisender Vogel, den man gern abschießen würde, hätte man nur das Geld für eine Waffe.

Po:
Verniedlichender Ausdruck für eine meist ausladende Wuchtigkeit, die allerdings hohen Nutzwert beim Sitzen hat.

Poesie:
All das, was die Realität uns höhnisch verwehrt mit dem Hinweis, sie sei die einzige Wirklichkeit.

Poet:
Mensch, der mit Poesie das Unheil der Welt zu lindern versucht, während die Welt ihr Heil darin sucht, ihm zu entfliehen.

Poet, Armer:
So lieben die Deutschen ihre Poeten: mit einem löchrigen Regenschirm im Bett, an einer Feder kauend und Gedichte schreibend, die sie niemals lesen würden.

Poetische Wahrheit:
Als er im Sterben lag, erklärte der Schriftsteller Jean Paul einer Verehrerin: „Ich bin jetzt ein alter Mann und habe viele Dinge in meinem Leben gesehen und erlebt – die allerdings zum größten Teil nie passiert sind."

Pointe:
Ein sehr komisches Ausrufezeichen am Ende einer Geschichte.

Politik:

Eine große Bühne, auf der meist kleine Schauspieler die Texte unbekannter Souffleusen sprechen. Manchmal dramatisch, aber meist langweilig und unbedeutend: ein und dasselbe Stück wird in Rot, Blau und Violett immer wieder über die Rampe gezogen – während das Programmheft uns unentwegt sensationelle Neuerungen verspricht.

Politikberatung:

Konnte sich etablieren durch die Unfähigkeit von Regierungen und Ministerien, selbst die Probleme zu lösen. Lieber zahlt man Politikberatern horrende Beträge, um dann doch alles beim Alten zu lassen.

Politiker:

Leute, die vor der Wahl die Steuern senken wollen und nach der Wahl unter Amnesie leiden.

Politikverdruss:

Falsches Wort. Gemeint ist Politikerverdruss als Reaktion auf deren Versprechungen und Dummbeuteleien. Und es handelt sich auch nicht um Verdruss, sondern Abscheu und Verachtung.

Politikwissenschaftler:

Person, die eine gute Vorstellung davon hat, wie das Geschäft läuft und deshalb den ganzen Wirrwarr lieber erklärt als betreibt.

Poltergeist:

Schwiegermutter in Aktion.

Populismus:
Wenn Politiker aussprechen, was viele denken – und so genannte Intellektuelle ihnen genau das vorwerfen.

Potenz:
„Wie geht es, Hans?" – „Danke der Nachfrage. Es geht schon – einmal im Monat etwa, manchmal auch …" – „Aber bitte! Ich meine, wie geht es zuhause? – „Ah, zuhause! … also zuhause geht es überhaupt nicht mehr."

Präsident:
Bezeichnung für Vorsitzende von Schrebergärten-, Tierschutz- und anderen Vereinen. Auch Universitäten haben sich dieser Chef-Bezeichnung inzwischen angeschlossen.

Predigt:
Von einer Kanzel herabschallende Rede, die weniger das Thema, dafür mehr die Zuhörer erschöpft.

Premium:
Neuer Ausdruck, erfunden von Werbefuzzis, die uns damit klarmachen, dass wir mehr bezahlen sollen.

Primitivität:
Nichts Schlimmes, nur die Tatsache, dass die meisten sich nach wie vor im Urzustand befinden.

Prinzipien:
Starre Vorstellungen von der Welt, um sich in derselben unbeliebt zu machen.

Privatsender:
Jene Fernsehanstalten, deren Redakteure tagsüber an „Superstar"-Sendungen basteln und nachts um ein goldenes Kalb mit Namen Quote tanzen.

Problembär:
Ein Politiker, den viele allzu gern erlegen würden.

Professor:
Mann, der sich an einer Hochschule eingenistet hat und fortan bis zu seinem seligen Ende immer wieder dasselbe mitteilt.

Profit:
Wahnsinn mit Methode. Wenn Unternehmen Verluste einfahren, stehen Entlassungen an. Wenn Unternehmen Profite machen – stehen erst recht Entlassungen an.

Profitgier:
Eine Art Fress-Sucht bei gewissen Leuten, die längst satt sind und schon nicht mehr rülpsen können. Abhilfe: Fastenkur bei Wasser und Brot in abgelegenem Schuldturm.

Prognose:
Anderer Ausdruck für Prophezeiung. Klingt aber seriöser und wird gern mit wissenschaftlicher Tünche bestrichen.

Programmheft (Theater):
Edel gewandete Broschüre mit viel Sparkassen- und Uhren-Werbung. Meist wird das Stück statt auf der Bühne im Programmheft aufgeführt und zwar so, dass man sich die Inszenierung sparen kann.

Programmheft-Texte:

Beispiel: „Im Zentrum steht die Krisis des Gefühls und Rechtfertigung des Gesetzes bzw. Apotheose des Gefühls und Verneinung des Gesetzes, die das Stück divergierend zu kontextualisieren vermag." – Schöner Satz, an dem man noch lange seine Freude hat.

Promi:

Person, die mit dunklen Brillengläsern, falschem Bart oder geliftetem Busen herumläuft und hofft, erkannt zu werden.

Prominenz:

Für Ahnungslose erstrebenswerter, für Kundige lästiger Zustand.

Prophet:

Der Beruf des Propheten ist einer der gefährlichsten überhaupt. Hat er Glück, hält man ihn lediglich für einen windigen Scharlatan; in den meisten Fällen jedoch jagt man ihn in die Wüste, wo er stets verhungert und durch seine Verdorrtheit nicht einmal den Tieren eine schöne Abwechslung auf dem Speiseplan ist.

Prophezeiung:

Voraussage, die durchweg wertlos ist, da sich niemand daran hält. Negative Prophezeiungen sollten ausschließlich anonym gegeben werden, siehe auch Prophet.

Prostituierte:

Frau, die im Liegen aufzusteigen versucht. Hat aber nichts mit Esoterik zu tun.

Provinz:
Wenn Berliner beim „Alexanderplatz" nur an jenes hässliche Geviert denken.

Provokation:
Einen anderen dazu bringen, sein wahres Gesicht zu zeigen.

Prozente:
Als Silberbaum von einem Freund erfährt, dass seine schöne Frau ihn mit einem jungen Liebhaber betrügt, bleibt er gelassen: „Lieber mit fünfzig Prozent an einer prima Sache beteiligt sein als mit hundert an einer miesen."

Prüfung:
Vor der Prüfung ist man klug, nach der Prüfung ist man klug, nur während der Prüfung lässt die Klugheit sich nicht blicken.

Psychoanalyse:
Eine etwa 20-jährige Therapie, bei der man anschließend gut darüber informiert ist, dass man so kompliziert ist, wie man es am Anfang schon vermutete.

Psychoanalytiker:
Die moderne Form des Beichtvaters. Horcht gegen Honorar fremde Leute aus, bis er darauf kommt, was ihm selbst fehlt.

Psychologie:
Lehre, die den Menschen und seine Beweggründe erklärt und fest davon überzeugt ist, uns etwas Neues zu sagen.

Pubertät:

Eine Phase im menschlichen Leben, in der sich die erste existentielle Frage stellt: Soll man Pickel ignorieren oder ihnen den Kampf ansagen?

Pulver:

Manche verschießen es zu früh, andere zu spät, dritte gar nicht, sie stehen nur im Qualm der anderen.

Q

Qual:
Mit Lokalpolitikern, die aus ihren handschriftlichen Memoiren memorieren, den Abend nach einer Lesung verbringen müssen.

Qualität:
Ein Artikel für die Ewigkeit – die leider immer kürzer wird.

Quantensprung:
Davon wird gesprochen, wenn neue Autos im ersten halben Jahr nicht dreimal außerplanmäßig in die Werkstatt müssen.

Quasselstrippe:
Jemand, der ununterbrochen redet, weil er doch nichts zu sagen hat.

Querdenker:
Interessanter Typus, er denkt nicht längs, sondern quer mit dem großartigen Ergebnis, überall anzuecken.

Querulant:
Eine Mensch, der seine wichtigste Eigenschaft, das Nörgeln, zu seinem Beruf gemacht hat. Vorstufe dafür ist der Bedenkenträger, siehe dort.

Quickie:

Kurzform des Geschlechtsverkehrs, bei dem der Blick auf die Armbanduhr eine wichtige Rolle spielt. Geschwindigkeitsforscher in aller Welt arbeiten an der Verkürzung, Geschwindigkeitsforscherinnen an der Verlängerung des Quickies. Beide wollen ihn perfektionieren.

Quote (im Fernsehen):

Horrorwort, vor dem Fernsehredakteure stramm stehen. Leider kann man die Quote messen, während für die Feststellung von Qualität eine Mindestanzahl grauer Zellen nötig ist.

R

Radfahrer:
Leute mit Hang zur Körperertüchtigung – falls das Wort nicht metaphorisch gemeint ist. Dann besteht die Gefahr, dass jene, die es abfällig verwenden, selber welche sind.

Rätsel:
Die Liebe. Der Mensch. Der Tod.

Rassismus:
Hilfe für die Denkschwachen, die es leichter finden, sich allen Eskimos oder Juden oder Negern oder Chinesen überlegen zu fühlen statt nur einem Einzelnen.

Rat:
Eine Münze, die nichts kostet.

Rat, guter:
Wenn eine Frau am frischen Grab ihres Mannes steht, jammert und klagt, und dem Verstorbenen nicht enden wollende Wünsche aufträgt, die er Gott, vor dem er bald stehe, übermitteln soll – bis dem Totengräber die Litanei zu viel wird und er ihr einen guten Rat gibt: „Liebe Frau, wenn man so viele Anliegen hat, dann schickt man nicht den Mann, dann geht man selbst."

Raubritter:
Altes Wort für Finanzbeamte.

Realismus, sozialistischer:
Massenkompatibler Kitsch. Nur die Tauben wissen damit umzugehen: sie benutzen entsprechende Denkmäler als Toiletten.

Realist:
Mensch, der gelernt hat, seine Ideale noch als Skelette zu erkennen.

Realität:
Der ganze Irrsinn dieser Welt, den wir umso deutlicher nach ein paar Gläsern Wein erkennen.

Rechthaber:
Unleidlicher Zeitgenosse, der unser letztes Wort immer noch durch ein allerletztes überbieten muss.

Rechts:
Geistige Haltung, die Ordnung mit Strammstehen verwechselt, Fleiß mit Gschaftlhuberei und den eigenen Mist für ein wohlriechendes Parfüm hält.

Rechtsanwalt:
Paragraphen-Spezialist, der vorgibt zu dienen, um möglichst viel zu verdienen.

Rechtsextremist:
Mumie, die immer mal wieder versucht, ihre Bandagen abzustreifen.

Rechtschreibung:
Ein Verständigungsmittel, das mittlerweile skurrile Züge angenommen hat, wie solch einfache Wendungen wie „Flussschifffahrt" und „helllichter Tag" zeigen.

Rechtsanwalt

Redakteur (Fernsehen):
Person, die weder schreiben noch inszenieren noch komponieren kann. Sie kann nur Entscheidungen treffen – verschiebt aber selbst das ängstlich auf den Sankt-Nimmerleins-Tag.

Redakteur (Rundfunk):
Da alles im Äther spurlos verschwindet und der Rundfunk-Redakteur das weiß, hat er die Sendung von morgen vergessen, weil er sie gestern produzierte.

Redakteur (Zeitung):
Trennt säuberlich die Spreu vom Weizen und druckt dann die Spreu.

Redlichkeit:
Wort aus einer alten Kiste im Speicher, an dessen Bedeutung sich niemand mehr erinnert.

Regen:
„Spann deinen Schirm auf, es regnet." – „Hat keinen Sinn, er hat Löcher." – „Warum hast du ihn dann dabei?" – „Konnte ich wissen, dass es regnet."

Regierung:
Eine Truppe, die sich so lange in den Haaren liegt, bis offenkundig wird, dass da nur Kahlheit ist.

Regierungssprecher:
Mann, der Fallobst als Frischware verkauft.

Regietheater:
Wenn Faust über die Brüstung pinkelt und dabei lüstern nach seinem Gretchen schielt, das als Greisin über die Bühne schlurft.

Reichtum:
Der falsche tritt auf wie ein Prahlhans, der echte wie ein Weiser. Der falsche bewirkt Neid und Hass, der echte zeigt Verständnis und Mitgefühl. Der falsche macht arm, der echte noch reicher. – Man würde halt nur gern mal den echten finden.

Relativierung:
Intellektueller Sport, um die Probleme gleich groß zu machen.

Relativität:
Als Einstein gefragt wurde, ob er seine Relativitätstheorie kurz und bündig erklären könne, antwortete er: „Nehmen wir an, ich sitze auf einem heißen Ofen, drei Minuten lang – es wird mir vorkommen, als seien es dreißig Minuten. Aber sitzt auf meinem Schoß eine junge hübsche Dame,

dreißig Minuten lang, es käme mir vor wie drei Minuten."
Die Zuhörer lachen, bis man hört, wie einer seinem
Nachbarn ins Ohr flüstert: „Und dafür hat er den
Nobelpreis bekommen?"

Religion (historisch):
Die lange erfolgreiche Praxis, die Dummen dumm zu
halten und den Klugen das Maul zu stopfen.

Religion (christliche):
Für manche eine Sache für schlechte Tage, für andere
etwas für Weihnachten, für dritte eine Art Versicherung
fürs Jenseits.

Rente:
Trost für lebenslanges Schuften.

Rentner:
Finanziell gutausgestattete Menschen, die vormittags spa-
zieren gehen und nachmittags andere Rentner aufsuchen,
mit denen sie über ihre Renten lamentieren.

Rezension:
In der Zeitung zu lesen, wie wunderbar *Schönes
Wörterbuch* ist, verbunden mit der Aufforderung, dass es
alle lesen und vor allem kaufen sollen.

Rezession:
Eine rasende Talfahrt, bei der die Luftsäcke hoffentlich
aufspringen, wenn die Gurte reißen.

Rhetoriker:

Person, die keine Ahnung hat, das aber ausgezeichnet vortragen kann.

Riese:

Man muss nicht schreiend vor Riesen davonlaufen. Oft sind es nur die Schatten von Zwergen.

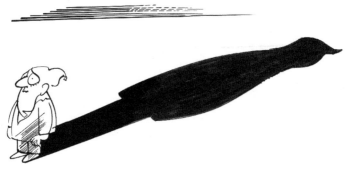

Riese

Rigorismus:

Mit einem Mähdrescher einer Feldmaus hinterherjagen.

Rinderwahn:

Eine Krankheit für Menschen, die Rindviechern noch nie über den Weg trauten.

Rivale:

Jener beschränkte und hässliche Vogel, der mit uns um die dieselbe Frau buhlt.

Roman:
Eine Geschichte, die kein Ende findet, oft auf der Stelle tritt und für eine Zugfahrt viel zu lang ist, selbst wenn man mit der Deutschen Bahn reist.

Rotgrün:
Die Farbe Rot steht für das Erzielen von Wirkung, bei Grün geht es um Idealisierungen. Deshalb lehnen modisch und politisch Versierte diese Kombination ab.

Rothenburg ob der Tauber:
Disneyland mitten in Deutschland, ganz ohne amerikanische Lizenz.

Routine:
Das haben wir doch schon immer so gemacht. Und sterben müssen wir alle. Stimmt beides, leider.

Rückrat:
Der aufrechte Gang ist vielen seltsamerweise auch ohne Rückrat möglich.

Rücksicht:
Ein Wort, das zur Gattung der selbstbezüglichen Substantive gehört – wie nicht nur Grammatiker wissen.

Rücksichtslosigkeit:
Die übliche Methode, ein Ziel zu erreichen.

Rücktritt:
In Ausnahmefällen treten Politiker zurück statt Selbstmord zu begehen. Unklar bleibt, welches die bessere Entscheidung ist.

Ruhestand:

Auffassung vom Leben, die darauf hinausläuft, dass man gutgepolsterte Särge ausprobiert.

Ruhestörer:

Die wichtigsten Menschen überhaupt, da sie den anderen gern das Kopfkissen ihrer Gewohnheiten wegziehen.

Ruhm:

Die eitelste Opfergabe dieser Welt, flüchtig wie ein Tagtraum, beunruhigend wie ein Lustmörder.

Russland:

Wer gesehen hat, wie in der Duma Meinungsunterschiede per Boxkampf ausgefochten werden, versteht Russland besser.

S

Satire:

Die Kunst, einen anderen so bloßzustellen, dass der glaubt, man zeige seine Vorzüge. Heute häufig ersetzt durch Realität.

Sauna:

Reizkur mit starkem Flüssigkeitsverlust. Warnung I: Zu meiden sind in der Schwitzhütte Nachbarn, die zuvor ein Knoblauchmahl genossen haben. Warnung II: Nicht ohne Grund fürchten sensible Männer jene Eisbecken, in die man sich dampfend hineinstürzen soll. Danach ist alles, aber auch wirklich alles, bis zur Unkenntlichkeit geschrumpft.

Schach:

Kampfspiel für Leute, die zuviel Zeit haben.

Schadenfreude:

Unsere größte Freude überhaupt – und das Beste ist, dass jene, die sie uns machen, nichts davon wissen.

Schauspieler:

Menschen, die sich einen falschen Bart ankleben und so tun, als seien sie König Lear, die hocherfreut sind, wenn man ihnen Komplimente macht und sofort weghören, wenn es nicht mehr um ihren Bart geht.

Scheidung:
Ein schmerzhafter Schnitt zu einem schmerzfreieren Leben.

Scheidungsanwalt:
Spezialist für Werte, die nicht mehr unter der Bettdecke liegen.

Schein:
Ein Ersatz für Sein, doch viel angenehmer in der Wirkung.

Scheinheiliger:
Leicht zu erreichender Beruf, man muss nur etwas schauspielern können.

Schere:
Instrument, mit dessen Hilfe man die besten Zeitungsartikel anderen vorenthält.

Schere (im Kopf):
Kastration freiwillig.

Schicksal:
Wird meist mit Kapitulation übersetzt. Dabei kommt es nur darauf an, wie man es auf die Hörner nimmt.

Schlamassel:
Der Baron Rothschild wird zu Grabe getragen, ein abgerissener Jude geht im Leichenzug mit und weint bitterlich. „Waren Sie denn mit ihm verwandt?" fragt der Nebenmann leise. „Nein, das ist ja der Schlamassel."

Schlampe:
Selbstbewusste Frau, die ihrem Mann aus dem Bett heraus und mit Lockenwicklern bekleidet die Leviten liest.

Schlappschwänze:
Typisches Pluralwort, das auch für Frauen gilt. Von Schlappschwänzen ist man fortwährend umringt, die neben ihrer Entscheidungsunfähigkeit gern ihre Inkompetenz zur Schau stellen, als seien es ihre besten Eigenschaften, was vermutlich stimmt.

Schlips:
Früher auch Vatermörder genannt, was im Grunde der zutreffende Ausdruck ist.

Schlitzohr:
Leider nicht am Ohr zu erkennen, sondern an einer bei ihm gekauften Lederjacke, die beim ersten Regen zu einem unförmigen Sack zusammenschnurrt.

Schmeichelei:
In der Sache etwas völlig Richtiges – nur bekommen wir sie so selten zu hören.

Schmeichler:
Ein Mensch, der etwas erreichen will und den besten Weg dazu eingeschlagen hat.

Schmerz:
Herrischer Despot, dem wir immer gehorchen.

Schmerzlosigkeit:
Angenehmer Zustand: über längere Zeit tut gar nichts weh, bis einem auffällt, dass man tot ist.

Schmock:
Journalist, der heute Hüh ruft und morgen Hott, sich einen Dreck darum schert, was die Worte bedeuten, weil er froh ist, überhaupt was rufen zu dürfen.

Schnäppchen:
Der Irrglaube, Geschäftsleute würden hin und wieder zu Weihnachtsmännern mutieren.

Schnee:
Jenes wunderbar weiche Material, in das wir uns gern mit ausgestreckten Armen fallen lassen, obwohl es doch nur gefrorenes Wasser ist. Mittlerweile wird Schnee auch gern mit der Nase aufgesogen.

Schnee (von gestern):
Die schmutzige Brühe, die den Rinnstein entlangläuft, und bei der wir uns fragen, was eigentlich so interessant an ihr war.

Schneemann:
Ursprünglich eine aus drei Kugeln bestehende Gestalt mit Kohleaugen und Mohrrübennase. Heute der Kokainlieferant.

Schnecke:
Im Allgemeinen ein Fortschrittsmaßstab. Wer sich zur Schnecke machen lässt, darf aber nicht glauben, dass er Fortschritte gemacht hätte.

Schnorrer:
Alte Bezeichnung für Ich-AG.

Schock:
Ein Aufwachen aus Blütenträumen und die plötzliche Erkenntnis, dass einem nichts anderes blüht als die Umarmung des Sensenmanns.

Schönheit:
Ein Trost für die Welt, in der wir leben – hält man sich zu lange an ihm fest, wandelt er sich in Grauen und Schmerz.

Schönling:
Nicht ihn suchen die Frauen, sondern den mächtigen, wohlhabenden und potenten Mann – wie man leicht an sich selbst feststellen kann.

Schöpfung:
Manche preisen sie, andere verdammen sie. Es kommt immer darauf an, welche Rolle man auf ihrer Bühne spielt.

Schreibtisch:
Der Tatort des Schriftstellers.

Schrift:
Versuch, dem mündlichen Geplapper einen Sinn abzutrotzen.

Schriftsteller, groß:
Größenwahnsinniger, der sich ununterbrochen zu Wort meldet und dessen Torheiten als unterhaltsame Späßchen gelten.

Schriftsteller, klein:
Größenwahnsinniger, dem sein Leiden unbekannt ist und der deshalb mit Nachsicht behandelt wird.

Schule:
Nicht für das Leben, sondern für die Schule lernen wir. Dieser weise Spruch gilt nach wie vor.

Schuld:
Eine Gefühlsregung, die die meisten aussperren – um sie bei anderen umso deutlicher einkehren zu sehen.

Schulden:
Schulden machen ist leicht, man braucht nicht einmal Geld dazu.

Schuldner:
Der Gläubiger glaubt, dass er sein Geld zurückbekommt, der Schuldner weiß, dass das nicht der Fall sein wird.

Schul-TÜV:
Razzia in Schulen: Lehrer werden auf ihre Funktionsfähigkeit überprüft, Schüler auf ihren Bildungshunger, zugleich wird untersucht, ob Deutsch wieder als Umgangssprache eingeführt werden kann.

Schwätzer:
Jene Sorte Mensch, die Geschwätz für eine Tat hält und die Welt damit verbessern will. Meist aber nur Promis und Politiker, die den Speichel nicht halten können.

Schwarzarbeit:
„Haben Sie diese hundert Euro mit Schwarzarbeit verdient?" – „Ja, sonst wären's ja nur zehn."

Schwarzgelb:

Im Fußball Farben eines Vereins, der den Fans weismacht, dass es ohne Maloche, aber mit Aktien geht. In der Politik Farben, für die es nicht genug Fans gibt.

Schwarzmaler:

Einer, der mit der Farbe schwarz realistische Bilder zustande bringt, doch für andere Farben blind ist.

Schweigen:

Häufig die beste Form der Antwort.

Science-Fiction:

Die heutige Welt von gestern betrachtet.

Seele:

Manche fragen sich, wo sie zu finden sei, andere spüren sie per Seelenpein, dritte leiden an Seelentaubheit, obwohl sie sonst gut hören. Fest steht, dass ihr stets der Teufel nachjagt, worüber man sich nicht wundern sollte, da Unsichtbarkeit ja immer ein Zeichen der kostbaren Dinge ist.

Seher:

Ein Scharlatan, der mit umwölkter Miene Unsinn in die Mikrophone spricht und stets viel Beifall dafür erhält. Ist heute abgelöst vom Beruf des Zukunftsforschers.

Sehnsucht:

Der Stich in der Brust, wenn man einige Momente im Laufrad des Lebens innehält – bis man auf den Kopf fällt.

Sein:
Philosophisch belastetes Wort, aber eigentlich ganz einfach. Man akzeptiert seine Umgebung so wie sie leider ist und stellt ihr keine lästigen Fragen.

Seitensprung:
Keine Untreue, sondern Ergebnis eines hormonellen Schwächeanfalls.

Selbstbedienung:
Form der Aktivität, die längst nicht ausgereizt ist. Bald werden wir uns auch selbst die Haare schneiden, selbst operieren und selbst auf den Mond schießen. Nur mit dem Selbstdenken hapert es noch.

Selbstbewusstsein:
Die Fähigkeit, sich für ein Genie zu halten und von niemandem darin beirren zu lassen.

Schwarzer Humor

Selbstbezogenheit:
Einen Witz erzählen, über den manche lachen – aber beim besseren Witz eines anderen trüb ins Leere glotzen.

Selbsterkenntnis:
Etwas, das man nur dem schlimmsten Feind wünscht.

Selbstgerechtigkeit:
Form der Gerechtigkeit, die uns einzig angemessen erscheint.

Selbsthass:
Gute Möglichkeit, mit sich selbst abzurechnen.

Selbstironie:
Das Talent, sich an die eigene Nase zu fassen – auch wenn die noch so lang ist.

Sensenmann:
Eine hochinteressante Gestalt. Man sollte sich seiner Nähe immer gewiss sein und sie sinnvoll nutzen. Denn man kann ihm jede Frage außer der einen stellen und bekommt immer eine kluge Antwort.

Service:
Dienstleitung ohne Wert, aber mit Preis.

Service, guter:
Etwas, das man zu gern einmal erleben würde.

Servicewüste:
Wenn man in ihr eine Palme sieht, ist es immer nur eine Fata Morgana.

Sex:
Das ewige Auf und nieder, dem Fortgeschrittene Bett und Liebe verwehren.

Sex-Appeal:
Eine Eigenschaft bestimmter Personen, die die Hormone von anderen besoffen macht.

Sexistisch (männlich):
Wenn eine Frau durch ihren Busen oder Hintern stark beeindruckt.

Sexistisch (weiblich):
Wenn ein Mann durch seinen Intellekt stark beeindruckt.

Silvester:
Wird gern mit Knallfröschen gefeiert. Sie dienen dazu, dem vergangenen Jahr den Laufpass zu geben und die Nachbarn, die sich zum Neujahrsgruß nähern, zu verscheuchen.

Sinn:
Ein Begriff, der umso problematischer wird, je länger man darüber nachdenkt.

Sinn des Lebens:
In Frage kommen: die Liebe, das Glück, die Erleuchtung. Die meisten aber finden heraus, dass da nichts herauszufinden ist.

Sinnfrage:
Eine Frage, die häufig gestellt, aber bis heute nicht beantwortet wurde.

Sinnkrise:
Am Sinn des Lebens zu zweifeln ist das Vorrecht der Nachdenklichen. Daraus eine Krise zu machen das der Schaumschläger.

Slip:
Erfreuliche Entwicklung in der Unterbekleidung bei Frauen, die einst bedeckte, heute aber herzhaft herzeigt.

SMS:
Eine Art Sport mit dem Handy, der Zugehörigkeit beweist und Fauldeutsch zur Schriftsprache erklärt.

Snob:
Ein Mensch, der im gemieteten Rolls-Royce zu Aldi fährt und sich dort über die hohen Preise beschwert.

Snobismus:
Immer nur das Beste akzeptieren, doch es so anschauen, als sei man wieder einer Miserabilität begegnet.

Skandal:
Etwas, das viel öfter stattfindet, als wir ahnen – wovon wir aber bedauerlicherweise nichts erfahren.

Solaranlagen:
Labsal für Länder mit viel Sonne, zu denen Deutschland nach politischem Beschluss auch gehört.

Solidarität:
Wenn ein Gewerkschaftsboss akzeptiert, dass alle andern seiner Meinung sind.

Sommer:
Liebenswerte Jahreszeit, die durch Grillfeste und Urlaubmachen einen Stich ins Schrille bekommt.

Sonderling:
Jener sympathische Zeitgenosse, der mit sich völlig im Reinen ist.

Sozialabbau:
Der Versuch, ohne Krücken zu gehen.

Sozialarbeiter:
Die Vorhut, die als Nachhut wirkt und doch nichts bewirkt.

Sozialdemokratie:
Uralte Tante, die immer nur das Beste will und stets von den eigenen noch besser wollenden Familienmitgliedern zu Fall gebracht wird.

Sozialismus:
Versuch, alle Menschen gleich arm zu machen, außer denen, die das anordnen. Das Experiment ist gescheitert, was aber manche nicht daran hindert, die Leiche zu schminken und mit ihr Gehübungen zu machen. Man spricht dann von demokratischem Sozialismus.

Sozialmissbrauch:
Da der Mensch seit Jahrtausenden Jäger und Sammler ist, und der Sozialstaat ihn zum Einsammeln einlädt, macht er von diesem Angebot rege Gebrauch.

Sozialstaat:
Gebilde, das sich um alle fürsorglich kümmert – außer um
den Steuerzahler.

Sozialverbände:
Jene Gruppen, die das Wort sozial an sich gerissen und
auf ihrem Klingelbeutel gekreuzigt haben.

Soziologie:
Unterabteilung der Philosophie, die gern mit sprachlichem
Kauderwelsch Angriffe auf Besserverdienende wissen-
schaftlich begründet. Ihr Vorzug: kaum einer versteht es.

Spannung:
Sich lieber in die Hose pinkeln als den Kinosessel verlassen.

Sparen:
Methode, das eigene Konto reich zu beschenken.

Sparsamkeit:
Die beste Möglichkeit, auch für die Zeit nach dem Tod
noch etwas in den Taschen zu haben.

Spaß (machen):
Nicht zu lachen, während die anderen sich auf die
Schenkel schlagen.

Spaß (verstehen):
Lachen können, auch wenn es weh tut.

Spaßgesellschaft:
Wenn ein ganzes Volk über dasselbe lacht. Der Begriff
verblasst inzwischen. Es setzt sich die Einsicht durch, dass

Spaß nichts Kollektives ist, sondern bestenfalls individuell ausgelebt werden kann.

Speichellecker:
Ein Mensch, dem man mitteilt: „Ich will Ihnen lieber nicht sagen, was Sie mich können, denn das würde Ihnen gefallen."

Spiegel:
Glas mit dünner Silberschicht, das mittels geschickter Beleuchtung ein geschöntes Abbild des Davorstehenden zeigt.

Spiegel (publizistisch):
Zeitschrift mit fehlender Silberschicht, die das Abgebildete zur Realität hin verzerrt.

Spin-Doktoren:
Leute im Zwielicht, die die Fäden spinnen, um mittelmäßigen Politikern zur Macht zu verhelfen und deren Gegner durch noch üblere Tricks kaltzustellen.

Spleen:
Friedrich Schiller deponierte faule Äpfel in seinem Schreibtisch und schnüffelte häufig daran, sein Kollege Christian Dietrich Grabbe fing gern Mäuse mit den Zähnen und trug sie durch die Straßen, der Romancier Guy de Maupassant wurde von seinem schon eifrig schreibenden Doppelgänger daheim erwartet, Georges Simenon vertraute seinem Tagebuch an, mit mehr als zehntausend Frauen geschlafen zu haben. – Man sieht: der Spleen ist eine äußerst gesunde und produktive Form, durchs Leben zu kommen.

Sportwagen:
Das exklusive Vergnügen, mit Tempo von unten auf andere herabzuschauen.

Spott:
Eine scharfe Klinge, die gern Hosenträger und Gürtel durchtrennt – weshalb mancher plötzlich in Unterhosen dasteht. Wirkt sehr unelegant.

Sprache:
Die schärfste Waffe überhaupt. Wissen aber nur noch ein paar Diktatoren. Den anderen ist sie ein stumpfes Küchenmesser, mit dem man zwar Kohl reden, ihn aber nicht ordentlich schneiden kann.

Sprachwitz:
Etwas für Leute, die an der Welt leiden und deshalb versuchen, sie klein zu lachen.

Sprichwort:
Ein kurzer Satz, an dem ein langes Leben hängt.

Staat:
Erfindung einiger kluger Leute, um die Anarchie zu überwinden. Nachdem wir den Obrigkeits- und Polizeistaat hinter uns gelassen haben, geht es heute dem Sozialstaat an den Kragen, der sich immer mehr als habgieriges und unsoziales Unternehmen herausgestellt hat.

Staatsfinanzen:
Ein schwarzes Loch mitten in Deutschland.

Städteplaner:

Ein beamteter Sparfuchs, der uns baumlose Plätze und öde Fußgängerzonen beschert hat.

Stadtschreiber:

Schriftsteller, der in einer fremden Stadt über die vertraute Misere schreibt, während der Kulturdezernent überzeugt ist, er rühme gerade die Schönheiten seiner Kommune.

Stadtstreicher:

Person, die überall in der Stadt ihr Zuhause hat.

Standort Deutschland:

Ein Ort, an dem immer mehr Menschen herumstehen statt herumzuarbeiten.

Star:

Quotensau.

Statistik:

An sie glauben genügt nicht. Hilfreich ist es, sie vorher zu fälschen.

Steigerung:

Gegner – Feind – Parteifreund.

Stein der Weisen:

Er ist überall zu finden, nur leider so unscheinbar, dass ihn niemand erkennt.

Sterben:

Auch strengste Sicherheitsvorkehrungen konnten bis heute diesen Umstand nicht verhindern, was jedem Fortschritt Hohn spricht.

Sterblichkeit:
Die äußerst unangenehme Erkenntnis, das Leben als Vernichtungscamp begreifen zu müssen.

Steuerberaterin:
Souffleuse, die uns vorspricht, was das Finanzamt hören will.

Steuern:
Staatlich sanktionierter Raub.

Steuerfahnder:
Staatlich zugelassener Kampfhund, der sich gern in unsere Wade verbeißt.

Steuerrecht:
Sehr komplizierte Mathematik – die deshalb keiner mehr versteht.

Steuersenkung:
Einer, der daran glaubt, muss nicht verrückt sein, aber die Tassen in seinem Schrank werden weniger.

Stille:
Erstrebenswerter Zustand, da konzentrationsfördernd. Obacht: wenn die Stille allzu still wird, ist man meist tot.

Stolz:
Der dumme Stolz suhlt sich in Herkunft, Heimat, Hausbesitz, der gescheite lässt nur den Griff nach den Sternen gelten – wiewohl er meist im Gartenlampion endet.

Stress:
Eine Art Virus, den sich viele sogar in der Kaffeepause einfangen.

Student(in):
Person, die man in Kneipen kellnern sieht, häufig bis ins hohe Alter.

Studium:
Die angenehmste Zeit des Lebens – aber leider erst im Rückblick.

String-Tanga:
Eine Abteilung der Erotik, die dazu übergegangen ist, mit der Tür ins Haus zu fallen.

Striptease:
Die weibliche Kunst, sich solange auszuziehen, bis die zuschauenden Männer kein Geld mehr für ein letztes Bier haben.

Strom:
Jene Kostbarkeit, die man besser nicht in die Hand nimmt.

Stromer:
Cleverer Geschäftsmann, der aus einem unsichtbaren Gut ein sichtbares Guthaben macht.

Subvention:
Hier handelt es sich um ein eindrucksvolles Verfahren: den Bürgern wird Geld aus der Tasche gezogen, um es anschließend per Gießkanne wieder über sie zu verteilen.

Subventionsabbau:
Auch so ein frommer Wunsch, der erst am Sankt-Nimmerleins-Tag in Erfüllung geht.

Sucht:
Üble Krankheit, bei der immer mehr Energie für immer weniger Befriedigung aufgebracht werden muss.

Sünde (lässlich):
Jene Art von Verfehlung, die uns gar nicht mehr auffällt.

Sünde (schwer):
Man ist hier zu einer Neubewertung gekommen: Geiz ist geil, Neid gehört zur Bürgerpflicht, Hochmut kommt nach dem Fall, und Fress- und Sauflust lassen wir uns schon gar nicht vermiesen.

Superstar:
Überflüssiges Wort. Jeder ist heute ein Superstar – nur erinnert sich morgen niemand mehr daran.

Sympathie:
Eine Art Übereinstimmung mit einem Fremden. Erst später fällt uns auf, dass wir in den Spiegel geschaut haben.

Sympathisanten:
Intellektuelle, deren aufrührerische Tat in ihrer Unterschrift besteht.

Synonym:
Wenn ich Ereignis durch Event ersetze, weil das moderner klingt und hoffentlich keiner versteht, was das für ein Mist ist.

T

Tabu:
Verbot, über etwas zu reden, das uns stark interessiert.

Tabubruch:
Endlich mal einer, der darüber redet – aber meist gar nicht weiß, dass es ein Tabu ist.

Täter:
Im Prinzip jeder von uns – fragt sich nur, um welche Tat es geht.

Tagesschau:
Die Welt zusammengeschnurrt in Schreckensbilder und Wetterkarte.

Talkmaster:
Der einzige Hausdiener, den wir uns leisten können. Nachteil: spricht immer dazwischen.

Talkshow:
Stammtischersatz. Leider nicht so ehrlich und unterhaltsam wie dieser.

Tarifautonomie:
Wenn Arbeitgeberverband und Gewerkschaft nach langem Hin und Her einen Kompromiss finden, der vor allem ihre Existenzberechtigung bestätigt.

Tatort:
Jeder Ort, an dem eine Überzeugung in Realität überführt wird.

Taufe:
Silbermann erklärt seinem Freund mit betrübter Miene: „Mein Sohn hat sich taufen lassen." – „Und das hast du zugelassen?" – „Ich habe mich sofort bei Gott beschwert." – „Und, was hat er gesagt?" – „Er sagte, dasselbe sei ihm mit seinem Sohn auch passiert. Ich soll es so machen wie er." – „Was hat er denn gemacht?" – „Nu, ein neues Testament."

Taugenichts:
Person, die vorzüglich für die Stürme des Lebens gewappnet ist – da sie sie gar nicht wahrnimmt.

Team:
Eine Kuscheldecke, unter der sich Faultiere besonders wohl fühlen.

Teamgeist:
Jene Art von Geist, der den niedrigsten IQ hat.

Teamwork:
Wenn einer allein sich nicht traut, die Arbeit zu machen.

Telefon:
Die Peitsche der Kommunikation.

Telefonzelle:
Einsame Häuschen an Straßenecken, denen Diskretion noch etwas bedeutet.

Telegramm:

Einst effektive Nachrichtenübermittlung wie folgendes Telegramm beweist, das Frau Maier von ihrem Gatten erhielt: „Eintreffe 10 Uhr Hauptbahnhof. Mitbringe Klapperschlange." Frau Maier nähert sich vorsichtig ihrem Mann, mustert das Gepäck und fragt: „Wo ist die Klapperschlange?" – „Ach was, Klapperschlange, es waren noch zwei Worte frei – ich werd' doch der Post nichts schenken."

Telekom:

Firma, mit der es aufwärts immer den Bach runtergeht.

Tempo:

Kennzeichen der Moderne! Hauptsache, es geht voran, schnell und schneller – die Richtung ist egal.

Tennis:

Aus der Mode kommende Körperertüchtigung, einen kleinen gelben Gummiball so lange zu malträtieren, bis der die Luft verliert.

Terrorist:

Einer, der anderen zum Verrecken nicht das Leben gönnt.

Teufel:

Eine Gestalt, der nicht über den Weg zu trauen ist, selbst wenn sie als Pudel Männchen macht.

Theater:

Holterdiepolter in schönen Häusern, arm an Ausstrahlung, dafür reich an Subventionen.

Theaterautor:

Falls noch lebend: überflüssige Person. Falls wenigstens siebzig Jahre tot: hochwillkommen, da sein Stück ohne Tantieme gefleddert werden kann.

Theaterpublikum (früher):

Eine unbändige Horde, die mit rollenden Augen, heiseren Aufschreien und geballten Fäusten die Vorgänge auf der Bühne verfolgte. Bevorzugte Mittel ihrer Kritik waren Tomaten und faule Eier.

Theaterpublikum (heute):

Stuhlreihen voller Greise in dunklen Anzügen, die mit fiependen Hörgeräten einem Stück aus dem 18. Jahrhundert lauschen.

Theaterregisseur/in:

Arrangeur von Bühnenrequisiten. Am liebsten wird der „Hamlet" über die Bühne gezogen, in Rot, Blau oder Violett. Ist felsenfest davon überzeugt, der Menschheit etwas Neues zu zeigen.

Theologie:

Wissenschaft, die den Anspruch des Glaubens so lange herunterinterpretiert, bis er auch für moderne Zeitgenossen akzeptabel wird.

Tod:

Jener Zeitpunkt, in dem die Welt stirbt.

Todsünden:

All die Sünden, die wir am liebsten begehen.

Tohuwabohu:

Kein Beschreibung aus einem surrealistischen Gedicht, sondern der übliche Zustand in den meisten Unternehmen. Doch einst meinte das Wort: die Erde ist wüst und leer. Wie ist es bloß zum heutigen Wirrwarr gekommen? Siehe auch Menschheit.

Toleranz:

Ein anderes Wort für Gleichgültigkeit – aber bedeutungsschwer und mit viel Tremolo hervorgebracht.

Tour de France:

Fahrt der Kiffer und Kokser. Der Gewinner ist in der Regel auch im Drogenhandel eine große Nummer.

Top-Manager:

Leute mit Profitgier hoch drei.

Top-Manager

Totengräber:
Einer, der für die sorgt, die keine Sorgen mehr haben.

Totenschein:
Der Beweis, dass der Verstorbene bestimmt nicht wiederkehrt.

Tourismus:
Branche, die Fernweh und heimischen Ohrensessel geschickt kombiniert.

Touristen:
Glücklich glotzende Ausflügler, die mit der Erkenntnis aufwarten, dass es daheim doch am schönsten ist.

Tradition:
Ein glimmendes Lagerfeuer aus der Vorzeit, an dem sich manche ein Leben lang wärmen.

Traditionalist:
Person, die den Bankomat als inhuman verschmäht und es vorzieht, einen Menschen aus Fleisch und Blut anzupumpen.

Tragik:
Komik in Spiegelschrift.

Transparenz:
Der Versuch, Licht in eine Sache zu bringen, die die Beteiligten lieber unbeleuchtet ließen.

Transpiration:
Nur feine, also wohlhabende Menschen transpirieren, der Rest schwitzt vor sich hin, meist ein ganzes Leben lang.

Transzendenz:
In einer weinseligen Barolo-Nacht den weißen Mäusen auf der Theke beim Striptease zusehen.

Traum:
Bilder in Geheimschrift, während wir schlafen. Leider mit Zaubertinte geschrieben, die verlöscht, sobald wir erwachen.

Traumverlorenheit:
Sich im Traum zu verlieren ist meist angenehmer als sich in der Realität zu verirren.

Trauschein:
Ein Stück Papier mit unübersehbaren Folgen.

Trend:
Ein hakenschlagender Hase, von gewissen Journalisten immer neu entdeckt. Haltlose Zeitgenossen glauben, ihm hinterherhoppeln zu müssen.

Trendforscher:
Leute, die erkannt haben, dass man ordentlich Kohle machen kann mit Voraussagen über die Zukunft und zugleich wissen, dass das Gedächtnis ihrer Zeitgenossen sehr kurz ist.

Trennkost:
Form zu speisen, bei der man die Sättigung vom Wohlbehagen trennt.

Treue:
Eine widernatürliche Verpflichtung, die bei vielen mangels Gelegenheit zur Routine wird.

Treue (auf Zeit):
Widernatürlich rückwärts. Man könnte auch gleich sagen: Festhalten, bis was Besseres kommt.

Trio Infernal:
Ein Zeitbündnis von politischen Akteuren, bevor sie sich gegenseitig abschießen.

Tsunami:
Wenn die Natur so auf den Tisch haut, dass allen wieder klar wird, wer eigentlich das Sagen hat.

Tür:
Ein Ausgang, den die meisten zu spät finden.

Türkische Krankheit:
Überfunktion der politischen Drüse. Bewirkt, dass die Galle überläuft und es zu hysterischen Reaktionen kommt.

Türkei:
Ein Staat, für den Europa ein hohes Ziel ist, was umgekehrt nur wenige behaupten.

TÜV:
Verein, der sich um das Reinheitsgebot von Autos auf deutschen Straßen sorgt mit dem Nebeneffekt eines periodisch verschlankten Geldbeutels von deren Besitzern.

U

Überholspur:

Jene Seite des Lebens, auf die wir unbedingt hinwollen – um dort festzustellen, dass wir doch nicht schneller vorankommen.

Überlebenskünstler:

Politische Wiedergänger, die unerwartet aus der Versenkung auftauchen, vermutlich, weil sie aus Plaste und Elaste sind. Siehe dort.

Überlebenskünstler

Überraschung:
Wenn ein Beerdigungsunternehmen eine Happy-Hour anbietet mit dem Hinweis, man müsse sich aber schnell entscheiden.

Überregulierung:
Das Lechzen nach Luft, während beamtische Hände einem die Kehle zudrücken.

Übersetzer:
Kärglich bezahlte Person, die ihre Fremdsprache perfekt beherrscht, nur manchmal kleine Probleme mit dem Deutschen hat.

Überzeugung:
Ein innerer Befehl, mit dem man gern auch andere traktiert.

Umverteilungsgerechtigkeit:
Eine der liebsten Lebenslügen demokratischer Länder. Sehr kostspielig und mit dem Ergebnis zunehmender Verarmung ihrer Einwohner.

Umweltschutz:
Wenn man in einen ausgetrockneten Teich Wasser leitet und Zierenten ansiedelt, doch leider sogleich hässliche Algen feststellt, weshalb man Fische aussetzt, damit sie dieselben fressen, aber dazu kommen die Fische nicht, weil sie selbst von Graureihern gefressen werden, die man wiederum zu verscheuchen sucht durch das Aussetzen von Füchsen, welche es aber angenehmer finden, die anwesenden Zierenten zu verspeisen.

Umweltschützer:
Liebe Menschen mit edlen Absichten, die häufig Massaker verursachen.

Unglück:
Es verfolgt uns fortwährend, während wir derweil seinem Gegenteil hinterher rennen.

Universität:
Früher Einrichtung, die es ermöglichte, sich noch ein paar Jahre als Schüler zu fühlen, um langsam erwachsen zu werden. Heute Ort, wo man als Erwachsener antreten muß, um allmählich wieder Schülerstatus zu erreichen.

Unheil:
Schwert, das an einem dünnen Faden über uns hängt.

Unmensch:
Jene Sorte Mensch, die sich häufig in ganz normalen Menschen verbirgt.

Unschuld:
Wer sie verliert, findet sie nie wieder. Vorteil: Man benötigt nach Verlust keine rosa Brille mehr.

Unsterblichkeit:
Nur für die erstrebenswert, die den Kampf mit der Langeweile bis in alle Ewigkeit fortsetzen wollen.

Unterhaltung:
Einst ein geistreiches Gespräch, heute ersetzt durch Talkshows, die stumm im Fernsehsessel ertragen werden.

Unterhaltungsbranche:
Branche, die auf den kleinsten Nenner und größten Profit
zielt.

Unterhose:
Ein Kleidungsstück, mit dem man nicht viel Wind
machen kann, obwohl in ihm viel Wind gemacht wird.

Unternehmer:
Aussterbende Gattung. Früher ein zigarrenschmauchender
Patriarch, der Entlassungen ohne Not scheute, weil er in
seiner Stadt geschätzt und geliebt sein wollte. Ist mittlerweile ersetzt worden durch den Typus des Top-Managers
(siehe dort), der weder Stadt noch Liebe braucht.

Unterschichten-Fernsehen:
Falscher Begriff – er suggeriert ja, dass es auch so was wie
Oberschichten-Fernsehen gibt.

Unwirklichkeit:
Wenn einem etwas unwirklich vorkommt, hat man den
ersten Schritt zur Wahrnehmung der Realität gemacht.

Unzufriedenheit:
Hervorragender Zustand, der nicht in Nörgelei versan-
den, sondern als Motor für ein Meisterwerk genutzt werden muß.

Urlaub:
Anstrengende und nervenaufreibende Tätigkeit, von der
wir uns danach erholen müssen.

Urne:
Gefäß, in dem auch die größten Menschen Platz finden.

V

Vater:
Ein Mann, für den der Euro bestenfalls noch dreißig Cent wert ist.

Vegetarier:
Mensch, der lieber Pflanzen als Tieren den Garaus macht.

Venedig:
Eine Wasserleiche, vor der es uns nicht gruselt.

Veränderung:
Das Einzige, was man auf dieser Welt verändern kann, ist der eigene Gesichtsausdruck. Und selbst das fällt den meisten schon sehr schwer.

Verantwortung:
Ein Wort, das immer von den Falschen in den Mund genommen wird, bei denen es sich wie ein Zitat aus einem Horrorfilm anhört.

Verarschung:
„Die Rente ist sicher" oder „Gesundheitsreform steht" oder „Grundversorgung für alle". Verarschung wird immer und überall betrieben und nichts berechtigt zu der Hoffnung, dass wir sie einmal rechtzeitig bemerken. Wenn doch: unbarmherzig zurück verarschen.

Verbraucher:
Jene üblen Zeitgenossen, die immer nach Qualität rufen, aber nicht den Geldbeutel dafür öffnen wollen – also wir alle.

Verbrecher:
Leute, die das ausführen, was man in Gedanken auch schon durchspielte.

Verbündeter:
Person oder befreundeter Staat, sich verdünnisierend, wenn es brenzlig wird.

Verdrossenheit:
Beliebter Zustand in Deutschland – tritt vor allem dann ein, wenn sich der Blick auf die politischen Akteure richtet.

Verehrung:
Bewundernde Anerkennung für Menschen, die uns ähneln.

Vererbung:
Eine genetische Tatsache – aber nur, wenn die eigenen Kinder als Genies in der Schule gelten.

Verführung:
Die Form der Führung, die sanft zum Bett leitet.

Vergänglichkeit:
Die Wahrheit unserer Existenz – im Falle unseres Konkurrenten ein tröstlicher Umstand.

Vergangenheit:

Jener Teil des Lebens, der unaufhaltsam wächst, während der andere, Zukunft genannt, bedauerlicherweise schrumpft, und der dritte, Gegenwart, nur für jene greifbar ist, die die anderen Teile ignorieren.

Vergnügen:

„Warum warst du nicht beim Begräbnis unseres Freundes Michael?" – „Es war mitten in der Woche an einem Vormittag, und ich lebe nach dem Prinzip ‚Erst die Arbeit, dann das Vergnügen'."

Vergreisung:

Individuell wie gesellschaftlich gesehen ein Thema, mit dem wir uns demnächst beschäftigen müssen – falls wir noch dazu imstande sind.

Verhaltensänderung:

Änderungen im Verhalten erreicht man bei den meisten Menschen nur, indem man ihnen das Geld wegnimmt. Gilt vor allem für Politiker.

Verlässlichkeit:

Wer sich auf sie verlässt, ist wahrhaft verlassen.

Verleger:

Jene geistvollen Menschen, die Literatur und Kultur für sich mit Knete und Monete übersetzen.

Verliebte:

Neurotiker auf Zeit.

Verliebtsein:
Ein angenehmer Zustand der Unzurechnungsfähigkeit.

Vermächtnis:
Eine eitle und hohle Angelegenheit. Staatsmänner sorgen sich ebenso wie Künstler um ihr Vermächtnis – zu Recht, denn sie ahnen, dass nichts von ihnen übrig bleibt.

Vernunft:
Das Geschirr für Geist und Phantasie.

Vernissage:
Modisch gekleidete Menschen langweilen sich bei Scheingesprächen mit einem Glas Sekt in der Hand, während an den Wänden Bilder vor sich hindösen.

Verriss:
In der Literaturkritik ein hoffentlich amüsant formulierter Totenschein – der aber nicht garantiert, dass die Leiche im Grab bleibt.

Verriss

Versicherung:
Immer ein gutes Geschäft – für den Agenten.

Versicherungsvertreter:
Ein jüdischer Versicherungsvertreter ist im Begriff zu konvertieren. Eine ganze Stunde bleibt er beim Pfarrer, dann tritt er schweißbedeckt aus der Tür. „Hat er dich getauft?" will sein Freund wissen. „Nein – aber ich habe ihn versichert."

Verstand:
„Oh Gott, diese Kopfschmerzen. Ich verliere noch meinen Verstand." – Der Chef: „Wenn Sie krank sind, dann gehen Sie nach Hause. Aber hören Sie auf, hier herumzuprahlen."

Vertrauen:
Ein Gefühl, das man Kindern unbedingt geben sollte, auch wenn man weiß, dass sie es in der Erwachsenenwelt schnell wieder verlieren werden.

Verzweiflung:
Wer nur als Scherzkeks durch den Tag geht muss wahrhaft verzweifelt sein.

Viagra:
Falsch ist, dass alle Lust nach Ewigkeit sich sehnt. Vielmehr erschöpft sie sich in einer langen Nacht, und der Lüstling sehnt das Ende der Ewigkeit herbei.

Vibrator:
Ganz allgemein ein Rüttelinstrument im Straßen- oder Bergbau. Wird von Frauen auf spezielle Weise eingesetzt, schafft angeblich Vergnügen. Der Verlag Frauenoffensive

warnte jüngst vor übermäßigem Gebrauch und deutete auf die brachliegenden Männer, die auch noch Dienst täten. Worauf eine Frauenbeauftragte mit bösem Lächeln darauf hinwies, dass es „immer auf die Batterie" ankomme.

Vision:
Visionen haben nur Heilige und Politiker. Erstere verfrachtet man in die Klapsmühle, letztere macht man zu Ministern.

Vitalität:
Eine Grundüberzeugung gegenüber dem Leben. Weshalb mancher Achtzigjährige vitaler ist als viele Dreißigjährige.

Volk:
Wo das Volk zum Helden wird? Immer bei Wahlen!

Volkspartei:
Partei, die das Volk gern mit Wahlergebnissen verwechselt.

Volksverblöder:
Jene Politiker, die mit Donnerstimme rufen: Vorwärts in die Vergangenheit!

Volksvertreter:
Auch eine Art von Vertreter – der aber nur vor Wahlen an unsere Tür klopft und uns glücklich anschaut, als hätte er endlich das Volk gefunden.

Volkswagen:
Autobauer, der einst die Deutschen mit billigen Käfern beglückte und heute froh ist, dass auf ausländischen Märkten niemand den Firmennamen versteht.

Vollbeschäftigung:
Historischer Begriff, der in die Frühzeit der Bundesrepublik Deutschland führt. Heute gemiedenes Wort, da es nur miese Stimmung hervorruft.

Volltrottel:
Jene Leute, die es geschafft haben, sich über den Trottel hinaufzuarbeiten.

Vollversammlung:
Wenn die Aktionäre eines großen Unternehmens zusammenkommen, den Vorstandschef beschimpfen, weil er Milliarden versaubeutelt hat und ihn anschließend aufs Neue wählen. Ein immer wiederkehrender Fall von kollektiver Schizophrenie.

Vorbild:
Ein Mensch, den man zu gern einmal finden würde.

Vorlesung:
Altertümliches Wort, noch verwendet in Universitäten. Ein Professor liest vom Blatt ab und hofft, dass seine kruden Aufzeichnungen zu denen seiner Studenten werden.

Vorsatz:
Ein Ereignis, das häufig stattfindet – in Gedanken.

Vorsatz, guter:
Ein Rennwagen, der nie zum Einsatz kommt.

Vorspiel:
Das Vorspiel muß begrifflich streng abgegrenzt werden von Hin- und Rückspiel. Das Nachspiel hingegen kann als Antwort aufs Vorspiel verstanden werden, allerdings nur

theoretisch, denn meist fällt es aus. Das Vorspiel ist bei Männern grundsätzlich angstbesetzt, da sie die zeitliche Ausdehnung fürchten. Gerontologen berichten allerdings, dass mit zunehmendem Alter des Mannes diese Angst abnehme. Es gebe sogar Männer, die sich nun mit dem Vorspiel völlig zufrieden geben.

Vorstandsvergütungsoffenlegungsgesetz:
Wortmonstrum, das allein durch seine Existenz den Betroffenen Angst einjagen soll. Tatsächlich dient es dazu, die Vorstände von Aktiengesellschaften noch kreativer zu machen – im Vertuschen ihrer Bezüge.

Vorstandsvorsitzender:
Arbeitet als Raffke im Zwielicht und hausiert gern mit seiner sozialen Verantwortung. Nachdem er Mitarbeiter und Milliarden in den Sand gesetzt hat, besteht seine Verantwortung darin, sie wortreich zu gestehen, um sich mit einer üppigen Abfindung auf die Bahamas zurückzuziehen. Gegenmittel: Abmahnung in Form von Teerung und Federung. Anschließend wird er auf den Mond geschossen, wo er verantwortungsvoll seine Gelder verzehren kann.

Vorurteil:
Ein Denkverbot, das wir uns selbst auferlegen.

Voyeure:
Männer, die vorher besichtigen, was sie nachher doch nicht in die Finger kriegen.

W

Wachstum:
Erhofft, erfleht, beschworen: Wachstum ist ein seltenes Gut, in der Wirtschaft ebenso wie bei Kleinwüchsigen.

Wähler
Liebgewordenes Stimmvieh, das aber nur vor der Wahl gut gefüttert wird.

Wahl:
Immer eine Entscheidung für das geringere Übel.

Wahlkampf:
Die Fähigkeit, auf die zu schießen, die man später wird umarmen müssen.

Wahlniederlage:
Ein Unwort bei allen Parteien: in der CSU bekreuzigt man sich, in der SPD wird es mit „sozialer Schieflage" übersetzt.

Wahlsieg:
Immer und jederzeit aus Sicht der Parteien und ganz unabhängig vom Wahlergebnis.

Wahnsinn:
Es kommt auf die Frau an, mit der man lebt – aber grundsätzlich kann jede einen wahnsinnig machen.

Wahrheit:
Sie zu erkennen ist ein Meisterstück. Sie herauszuposaunen eine gefährliche Dummheit.

Wahrhaftigkeit:
Der anstrengende Versuch, nicht mehr zu sein als man ist. Misslingt zum Glück meist.

Waldorfschule:
Hier werden den Schülern so wertvolle Dinge beigebracht, wie den Namen zu tanzen oder mit dem Wind zu spielen.

Waldsterben:
Wort, das international Karriere machte, was an der Bewunderung für deutsche Grüngurus liegen muss, die seit dreißig Jahren unsere Wälder durchstreifen und kranke Bäume behandeln. Dennoch gibt es immer noch Wald.

Warmduscher:
Beliebter Zuruf unter Autofahrern, die wissen, dass die viel treffenderen Ausdrücke wie „Trottel", „Holzkopf" oder „Idiot" mit saftigen Geldstrafen belegt sind.

Wasser:
Ein Getränk für Genießer des Minimalen.

Weib:
Früher: die Frau hoch zwei – saftig, temperamentvoll, vital. Heute: in Verruf geratener Ausdruck.

Weihnachten:
Jährlich wiederkehrendes Geschenkfest, dessen Anlass sich im Dunkel der Geschichte verliert. Verlässliche Kreise berichten jedoch davon, dass es auch in der Hölle einen Weihnachtsbaum gibt, unter dem unzählige Präsente liegen.

Weihnachtsmann:
Es gibt solche und solche. Kommerziell überzeugend ist der, der durch den Kamin fällt und ruft: Hallo Kinder! Wollt ihr ein paar Geschenke kaufen?

Weihnachtsmann

Wein:

Getränk, das allen etwas bietet: den Hypochondern ist es gesund, den Genießern schmackhaft, den Snobs teuer genug – und allen anderen der ersehnte Ersatz für Mineralwasser.

Weinerlichkeit:

Die beliebteste Gefühlsregung in Deutschland. Zieht sich durch alle Gesellschaftsschichten, wobei die Anlässe bald vergessen sind, die Weinerlichkeit sich aber zäh hält.

Weisheit:

Eine Art Verschrobenheit in den Augen der Jungen. Und den Alten hilft sie nicht mehr – sie kommt einfach zu spät.

Weiter so:

Sich nicht entscheiden können, ob man die Schnürsenkel zubindet oder nicht. Bewährtes Verfahren in der Politik.

Weltuntergang:

Häufiges Ereignis in Deutschland. Man genießt ihn am besten zu zweit, auf einer kleinen Anhöhe und mit einem guten Glas Wein in der Hand.

Weltverbesserer:

Komische Figur, die nichts von der Welt versteht und deshalb auf die Idee kommt, sie verbessern zu wollen.

Werbefuzzi:

Einen Furz als neues Parfüm verkaufen: wer damit Erfolg hat, darf sich fortan Creativ-Direktor nennen. Es gibt sehr viele davon.

Werbung:
Lügenbranche, die mit Wiederholungen ihr Geld verdient.

Werte:
Moralisch einwandfreie individuelle Richtlinien – die im Geschäftsleben belanglos werden.

Wertedebatte:
Man kann sie führen – aber auf jeden Fall sollte das vorher ausgemachte Honorar stimmen.

Wessi:
Zärtliche Bezeichnung für eine Person, die das Wort Solidaritäts-Zuschlag nicht mehr hören kann.

Wetter:
Großartiges Thema für jeden Smalltalk. Denn das Wetter geht uns nie aus.

Wetterfühligkeit:
Wenn der Kopf heute weiß, dass es morgen regnet und deshalb vorsorglich davonspringt.

Widerspruch:
Ein kluger Mensch widerspricht nicht. Er überzeugt seinen Gesprächspartner davon, sich selbst zu widersprechen.

Widerstand:
Ihn zu leisten ist so schwer, dass die meisten sich damit begnügen, von ihm zu reden.

Wiedergeburt:
Für die einen eine scheußliche, für die anderen eine erfreuliche Vorstellung – es hängt davon ab, ob man derzeit reich und gesund ist oder nicht.

Windkraft:
Dank ungezählter Windräder, die nirgendwo so zahlreich wie in Deutschland den Wind einfangen, wird seine Kraft sogar an völlig windstillen Orten genutzt.

Wirklichkeit:
All das, was uns stark beeindruckt, also vor allem unsere Phantasien und Träume.

Wirtschaftsprüfer:
Lukrativer Erwerbszweig, da der Prüfer von denen bezahlt wird, die er begutachtet.

Wissenschaft:
Friedhof ehemaliger Wahrheiten.

Witwe:
Ein Zustand, den die meisten Frauen ohne besonderes Zutun erreichen.

Witwer:
Freier Mann.

Wörter:
Reißzwecken für Gedanken.

Wort:
Eine Waffe, die nach dem Gegner ausgesucht wird: Degen, Schwert, Streitaxt oder Keule.

Wörterbuch:
Es gibt nur eines, das witzig und wahrheitsgemäß informiert: Sie halten es gerade in Händen.

Wohlfahrtsstaat:
Macht sich gern lieb Kind bei seinen Bürgern nach dem Motto: Tu Gutes und lass andere es bezahlen.

Wohlstand:
Wohlstand bedeutet nichts, Wohlhabende sind meist unglücklich – ein Unglück, das wir energisch anstreben.

Wohltäter:
Ein Mensch, der dir so lange Knüppel zwischen die Beine wirft, bis du merkst, dass er dir das Springen beibringen will.

Wohltätigkeit:
Beteiligung an einer Kleider-Sammlung, wo man endlich die alten Sachen los wird.

Workaholic:
Ein Mensch, der Arbeit wie eine Süßspeise in sich hineinfrisst und dabei abnimmt.

Wortgläubigkeit:
Anhänger dieses Glaubens hängen am Wort wie andere am Busen einer Frau mit dem Ergebnis weder das eine noch die andere zu verstehen.

Wucher:
Überholte Vokabel. Die Notlage und Unerfahrenheit anderer Leute ausnutzen heißt heute Cleverness.

Würde:
In der Öffentlichkeit so auftreten, dass keiner merkt, dass man hinten und vorn nicht mehr hoch kommt.

Würstchen:
Die Angsthäschen des Lebens.

Wunder:
Der Rabbi erzählt folgende Geschichte: „Eines Tages fand ein armer Bauer mitten auf dem Feld einen Säugling. Wie sollte er ihn ernähren? Er betete zu Gott, und da geschah ein Wunder, dem Bauern wuchsen Brüste, und er konnte das Kind säugen." – „Die Geschichte gefällt mir nicht, Rebbe", wendet ein Zuhörer ein, „warum so umständlich, Frauenbrüste bei einem Mann? Gott ist allmächtig, er hätte einen Beutel Gold neben das Kind legen können, dann hätten der Bauer und das Kind ausgesorgt." Der Rabbi überlegt einen Moment: „Falsch! Warum soll Gott Geld ausgeben, wenn er mit einem Wunder auskommt."

Wunsch:
Er ist die Koseform des Willens und bewirkt nur eines: wir halten ihn bald selbst für eine überflüssige Kleinigkeit.

Wunschzettel:
Jene ellenlangen Listen, die man Politikern überreichen würde, wenn die sich doch endlich mal als Weihnachtsmänner verkleiden würden.

Z

Zärtlichkeit:
Ersatz für Leidenschaft, an den man sich mit der Zeit gewöhnt.

Zahnarzt:
Bei Ansicht eines Zahnarztes werden die härtesten Männer weich, während Frauen unverändert hart bleiben. Männer sind nun mal schmerzempfindlicher, und ihnen ist nur zu empfehlen, sich freiwillig zum Weichei zu wandeln – vor allem, wenn sie die Praxis einer Zahnärztin betreten.

Zank:
Gute Möglichkeit für Eheleute, wieder zueinander zu finden.

Zeit:
Für manche eine große Lehrmeisterin, für andere eine tückische Mörderin, für dritte die Chance, endlich erwachsen zu werden.

Zeit, Die:
Dicke Zeitung, die nach Lektüre dünn geworden ist und die Finger geschwärzt hat.

Zeit, die gute alte:
Gerade jetzt, wo Sie das lesen, leben wir in ihr.

Zeitgeist:

Manche laufen ihm hechelnd hinterher, um ein Zipfelchen von ihm zu erwischen, bis sie erkennen, dass es von ihrem eigenen alten Mantel stammt.

Zeitmaschine:

Jeder besitzt eine. Die uns zurückbringt, heißt Erinnerung. Die uns voranbringt, nennt man Träume.

Zeitung:

Bedrucktes Papier, das von Marktfrauen zum Einwickeln fauler Äpfel benutzt wird – aber in dreißig Jahren uns Unglaubliches mitteilt.

Zensur:

Findet öfter statt als man denkt – aber im Kopf.

Zeugen Jehovas:

Liebe Menschen, die seit Jahrzehnten an denselben Ecken stehen und hoffen, dass sich andere liebe Menschen freiwillig zu ihnen stellen.

Zielgruppe:

Ein Wort, das nach Erschießungskommando klingt. Gemeint sind in der Tat Fernsehzuschauer.

Zinsen:

Die Kinder des Kapitals.

Zirkus:

Ort, wo Löwen und Elefanten den Anstrengungen von Dompteuren und Clowns verwundert zusehen.

Zitat:
Das Zitat ist nur etwas für gebildete Menschen mit gutem Gedächtnis. Alle anderen sollten sich darauf beschränken, sich selbst zu zitieren.

Zivilcourage:
Zivil und Courage – schon die Zusammensetzung zeigt, dass das Wort nichts in Deutschland verloren hat.

Zivilisation:
Eine Tünche, auf die wir stolz verweisen, während sie beim ersten leichten Donner abbröckelt.

Zölibat:
Einrichtung, die davon ausgeht, dass sexuelle Bedürfnisse sich über den Achsel- und Fußschweiß erledigen. Deshalb nur für Kastraten empfehlenswert.

Zoo:
Der Ort, wo wir sehen, was auch aus uns hätte werden können.

Zorn:
Ein emotionaler Sturm, der dem Verstand die Wurzeln ausreißt.

Zote:
Genitaler Witz.

Zündstoff:
Diesen Stoff gibt es in Unmengen. Die meisten scheitern jedoch daran, ihn zu zünden.

Zufall:

Der Tarnname einer höheren Macht. Meist aber ein Ausdruck, mit dem wir die Leistung eines Konkurrenten charakterisieren.

Zufriedenheit:

Die Vorstufe zum Tod. Manchmal auch der Zustand nach Lektüre eines saftigen Verrisses über das Buch eines Kollegen.

Zukunft:

Den Jammerlappen ist sie die größte Sorge, den Mutlosen das Unerreichbare, den Optimisten die Chance ihres Lebens.

Zweitfrau

Zu-spät-kommen:
Nicht das Leben bestraft denjenigen, der zu spät kommt, sondern das Sprichwort, das ihm unablässig um die Ohren gehauen wird.

Zuschauer-Demokratie:
Zu wissen, dass man den politischen Akteuren aus der Opferperspektive zuschaut.

Zweitfrau:
In konjunkturellen Abschwüngen nur schwer zu halten, in Zeiten des Wohllebens dagegen blüht auch die Zweitfrau auf und steht hoch im Kurs.

Zwischenrufe:
Für den Redner nicht ungefährlich, denn mitunter werden sie von anderer Seite beantwortet.

Zwischentöne:
Töne, die zu hören manchem ein Ohr fehlt.

Zyniker:
Heiterer Mensch, der Jagd macht auf die Heiterkeit der Welt, doch immer nur Ärgernisse erlegt.

Der Autor

Lothar Schöne

in Herrnhut geboren, lebt heute bei Wiesbaden, studierte in Frankfurt/M. und Mainz, promovierte in Tübingen, arbeitete als Bankkaufmann, Journalist, Theaterkritiker, Hochschullehrer, Drehbuchautor und veröffentlichte Romane, Erzählungen und Sachbücher. Sein Roman „Der blaue Geschmack der Welt" wurde 2002 von den Lesern der „Welt" zum „Buch des Jahres" gekürt, der Roman „Das jüdische Begräbnis" in sechs Sprachen übersetzt. Bei Gollenstein erschien 2004 „Die Sternenfischer. Essays und Porträts". Schöne erhielt etliche Literaturpreise und Auszeichnungen, zuletzt den Stadtschreiber-Preis von Erfurt.

7. 1. 02 VC

Der Zeichner

Walter Hanel

im böhmischen Teplitz-Schönau 1930 geboren, lebt heute
in Bergisch-Gladbach und ist einer der profiliertesten politischen Karikaturisten Deutschlands. Seine Zeichnungen
sind bekannt durch regelmäßige Veröffentlichungen in der
FAZ, dem „Kölner Stadtanzeiger" und dem „Spiegel",
außerdem publiziert er in „Le Monde", „Soir" und „Herald
Tribune". Viele Ausstellungen in Museen, Kunstvereinen
und Galerien mit seinen „freien" Zeichnungen. Hanel
erhielt für seine Arbeiten zahlreiche Preise.

Adolf Muschg
Etwas, das noch keiner gesehen hat
Rede über das literarische Schreiben
als eine Poetik des ungesuchten Findens

Mit einem Vorwort von Yvonne Rech
Erschienen in der Reihe „Profile" der Union Stiftung
64 Seiten, ISBN 978-3-938823-38-5

Adolf Muschg, der Schriftsteller und Hochschullehrer aus
der Schweiz, ist seit vielen Jahren zu einer europäischen
Instanz geworden. 2007 wurde ihm darum die Eröffnung
des Europäischen Schriftstellerkongresses in Saarbrücken
anvertraut.

Die zu diesem Anlass in der Stiftskirche St. Arnual gehal-
tene Rede ist eine komprimierte Poetik, die man allen mit
der Sprache Befassten, ob Germanistikstudenten, Deutsch-
lehrer oder Journalisten gleichermaßen an die Hand
wünscht.

Adolf Muschg beschwört mit der ihm eigenen Be-
geisterungsfähigkeit die individuelle Kreativität, die mit
dem kindlich staunenden Blick auf die Dinge, mit vorur-
teilsfreier Neugier und der Freude am Entdecken des
anscheinend Unscheinbaren, Absonderlichen und so noch
nie Gesehenen beginnt.

Christoph Hein
Über die Schädlichkeit des Tabaks
Rede an die Abiturienten des Jahrgangs 2009

Herausgegeben von Ralph Schock
in Verbindung mit der Union Stiftung
60 Seiten, ISBN 978-3-938823-60-6

Anders als der Titel der Rede vermuten lässt, befasst
sich Christoph Hein keineswegs mit der Schädlichkeit
des Nikotins. Vielmehr erweist er sich in dieser hintersinnig abschweifenden Rede als ein Mahner und Warner
in Bezug auf die herrschenden gesellschaftlichen Ver-
hältnisse.

Er benennt die drängenden Probleme unserer Zeit, den
Glauben an grenzenloses Wachstum, die Gedankenlosigkeit gegenüber der Umwelt und dem Zustand der
Erde. Aber den Zeigefinger hebt er nicht; oder doch nur,
um zuallererst auf sich selbst zu deuten. Und auf seine
Generation: „Wir haben versagt. Machen Sie es besser als
wir, bitte."

Roland Stigulinszky
Tagebuchten
Gedichte Satiren Cartoons

192 Seiten, ISBN 978-3-938823-47-7

Chronologisch wie in einem Tagebuch präsentiert Roland
Stigulinszky zu ganz unterschiedlichen Themen Gedichte,
Haikus und Aphorismen aus den vergangenen beiden
Jahren, kommentiert durch Satiren und die Sprechblasen
„Bertolt Bläsers".

Mal ernst, mal heiter, durchaus hintersinnig und doppel-
deutig beweist STIG wieder einmal sein Allround-Talent.

„Und wenn wir dann/ bei Gott! das Küssen/ und alle
andern Kapriolen/ in Ewigkeit/ entbehren müssen/ dann
kann uns auch/ der Teufel holen!"

Alfred Gulden
Glück auf: Ins Gebirg!
Gedichte · Mit Bildern von Samuel Rachl

72 Seiten, ISBN 978-3-938823-29-3

Ein Gedichtzyklus, der Alfred Guldens erste und seine zweite Heimat zusammenbringt: das Saarland und Bayern, Bergwerk und Gebirg.

„In Bayern sind die Berge von Natur aus da, die Saarländer haben ihre Berge selbst gemacht", so der Autor. Noch stehen die Fördertürme, noch fahren Bergleute zur Schicht ein. Doch die Abraumhalden der Kohlegruben sind inzwischen übergrünt, Wanderwege führen an ihnen entlang. Was das kleine Land über Jahrhunderte geprägt hat, geht seinem Ende zu und so sind die Gedichte auch ein Gesang über eine vergehende, ja, fast vergangene (Arbeits-)Welt.

Impressum

Alle Rechte vorbehalten
© 2009 Gollenstein Verlag, Merzig
www.gollenstein.de

Einbandgestaltung Timo Pfeifer
unter Verwendung von Zeichnungen Walter Hanels
Satz Karin Haas
Schrift GoudyOldstyle & DINEngschrift
Papier Munken Print, 90 g
Druck Merziger Druckerei und Verlag
Bindung Buchbinderei Schwind, Trier

Printed in Germany
ISBN 978-3-938823-57-6